Dr. Oetker

No.1

Kochen kann jeder

Dr. Oetker

No.1

Kochen kann jeder

Dr. Oetker Verlag

Als Vorspeise eine Erkenntnis: Kochen kann jeder

No.1
Willkommen
004·**005**

>> Seit unsere Milchzähne da sind, sammeln wir Erfahrung mit dem Essen. Was „Bäh!" und was „Hmmm!" ist, haben wir schnell raus. Wir lernen: Schokolade sieht in der ganzen Wohnung gut aus, Spinat kann fliegen. Wir entdecken immer neue Horizonte in der Welt der Lebensmittel. Und noch vor der ersten großen Liebe haben wir unser erstes Lieblingsessen gefunden.

Doch irgendwann stehen wir alleine in der Küche, hilflos der Leere des Kochgeschirrs ausgeliefert. Was gehört da rein und wie viel, in welcher Kombination? Wie lange, bei welcher Temperatur? Wieso hat einem niemand gesagt, dass Essen mit Kochen beginnt? Und Ratgeber Mutti so weit weg.

Ist der gute Geschmack damit am Ende, bevor er begonnen hat? Papperlapapp. Die Lust am Kochen fängt genau hier an. Es ist einfacher, als manche denken. Ein großartiges Vergnügen, schnell was mit frischen Ideen und ein paar Zutaten zu zaubern und mit lieben Leuten lecker zu genießen. Das Schönste daran: Jeder kann es, jedem gelingt es. Jedem macht es Spaß. Versprochen!

Schnellschmecker

Kosten nicht viel Zeit und nicht die Welt.

No.1
Schnellschmecker

>> Lust auf eine schnelle Kleinigkeit zwischendurch? Oder kommt in einer halben Stunde dieser unverpassbare Film im Fernsehen und ein ausgewachsener Hunger meldet sich? Kein Grund, gleich nach dem Pizzabringdienst zu rufen oder sich Fast Food anzutun.

Mehr als 30 Minuten brauchen Sie für diese raffinierten Schnellschmecker nicht. Ein paar einfache Zutaten nur und los. Noch schneller? Okay, dann veredeln Sie doch einfach Tiefgekühltes. Und mit der Zeit, die Sie bei der Zubereitung sparen, können Sie dann den Genuss verlängern.

Blätterteigtaschen
mit Spinat-Schafskäse-Füllung
Vorsicht, Teigtaschendiebe!

>> Wenn diese Teigtaschen verführerisch aus dem Backofen duften, dauert's nicht lange, bis jemand schwach wird. Sehen Sie es ihr nach, oder ihm. Und machen Sie einfach noch ein paar neue.

No. 1
Schnellschmecker
008·009

Für 12 Taschen:

1 Pck. (450 g) TK-Blätterteig

mit 6 rechteckigen Scheiben

Für die Füllung:

1 EL Speiseöl

1 Zwiebel

½ Pck. (225 g) TK-Blattspinat

Salz, Pfeffer aus der Mühle

geriebene Muskatnuss

100 g Schafskäse

4 getrocknete Tomaten in Öl

Zum Bestreichen:

1 Ei

2 EL Milch

Zum Bestreuen:

40 g fein gewürfelter Schafskäse

Dauert: **30 Minuten**

(ohne Auftauzeit)

1_ Blätterteig nach Packungsanleitung auftauen.

2_ Öl in einer Pfanne erhitzen. Zwiebel abziehen, in kleine Würfel schneiden und andünster . Spinat dazu und bei schwacher Hitze auftauen. Mit Salz, Pfeffer und Muskatnuss würzen. Schafskäse in kleine Würfel schneiden. Die Tomaten auch. Jede Blätterteigscheibe quer halbieren und mit etwas Mehl zu einem kleinen Quadrat ausrollen.

3_ Ei trennen. Eiweiß verquirlen und Blätterteigränder damit bestreichen. Jeweils etwas Spinat, einige Schafskäse- und Tomatenwürfel in die Mitte. Die Teigquadrate zu Dreiecken zusammenklappen, die Ränder mit einer Gabel zudrücken und evtl. gerade schneiden. Teigdreiecke auf ein Blech mit Backpapier egen.

4_ Das Eigelb mit Milch verquirlen, die Teigoberfläche damit bestreichen und mit Schafskäse bestreuen. Für etwa 20 Minuten ab in den vorgeheizten Backofen (Ober-/Unterhitze 200 °C, Heißluft 180 °C, Gas Stufe 3–4).

Enthält pro Stück: E: 5 g, F: 13 g, Kh: 14 g, kJ: 809, kcal: 193

>> *Lust auf eine Variante mit Hackfleisch?* *Einfach 1–2 Esslöffel Speiseöl in einer Pfanne erhitzen. 400 g Gehacktes (halb Rind, halb Schwein) anbraten. 2 Esslöffel Tomatenmark unterrühren und mit Salz, Pfeffer und Oregano würzen. 2–3 klein geschnittene Tomaten oder 2–3 Esslöffel Tomatenwürfel aus der Dose dazu. Füllung auf den Blätterteigplatten verteilen, Taschen wie im Rezept verschließen und backen.*

Pizza Contadina
Schöne Grüße aus Griechenland.

\>\> Das Leben ist voller Fragen: Wo kommen wir her, wo gehen wir hin? Und: mache ich den Pizzateig selber – so, wie auf der nächsten Seite beschrieben? Oder kaufe ich einfach eine Pomodori? Egal, denn lecker sind beide.

No.1
Schnellschmecker

Für 1 Person

1 Pizzarohling, selbst gemacht

oder aus der Kühltheke

oder 1 Pizza Pomodori

2–3 EL Schmand

100 g geriebener Gouda

5–6 Scheiben scharfe Salami

3–4 eingelegte grüne Peperoni,

am besten vom Griechen

einige Blätter Friseesalat

100 g Schafskäse

1–2 Tomaten

Pfeffer aus der Mühle

Dauert: **15 Minuten**

(ohne Backzeit)

1_ Den Teig auf ein mit Backpapier belegtes Backblech legen und dünn mit Schmand bestreichen. Bei einer gekauften Pomodori ist schon Tomatensauce drauf, da kann man sich den Aufstrich sparen.

2_ Mit geriebenem Gouda bestreuen – kann man bei der gekauften Pomodori auch weglassen. Peperoni in 1 cm lange Stücke schneiden. Salami und Peperoni auf dem Käse verteilen. Für 15–20 Minuten ab in den vorgeheizten Backofen (Ober-/Unterhitze 220 °C, Heißluft 200 °C, Gas Stufe 4–5).

3_ Frisee waschen, gut abtropfen lassen und in mundgerechte Stücke zupfen. Den Schafskäse zerbröckeln. Tomaten waschen und vierteln. Das weiche Innere und die Kerne rausschneiden. Dann die Tomaten in kleine Würfel schneiden.

4_ Es duftet? Dann raus mit der Pizza. Jetzt den vorbereiteten Frisee drauf, mit Schafskäse und Tomatenwürfeln bestreuen. Noch ein paar Umdrehungen aus der Pfeffermühle, fertig.

Enthält pro Portion: E: 66 g, F: 90 g, Kh: 104 g, kJ: 6333, kcal: 1513

\>\> **Variante: Pizza Amore Mio.** *Statt Peperoni und Friseesalat 10–12 kleine Kapern und 1 kleines Bund Rucola nehmen. Statt Schafskäse 50–100 g Parmesan. Und statt mit Salami die Pizza nach dem Backen mit 3–4 Scheiben Parmaschinken belegen.*

Pizzateig-Grundrezept
Selbst geknetet schmeckt's am besten.

Für 2 Pizzen:

125 ml (⅛ l) Milch

50 g Butter oder Margarine

250 g Weizenmehl

1 Pck. Dr. Oetker Trockenbackhefe

1 Prise Salz

Dauert: 10 Minuten

(ohne Teiggehzeit)

1_ Milch in einem Topf leicht erwärmen, Butter oder Margarine darin zerlassen. Mehl in eine Rührschüssel sieben und schön mit Hefe vermischen. Lauwarme Milch-Fett-Mischung und Salz dazu. Mit einem Handrührgerät mit Knethaken auf niedrigster Stufe vermengen. Dann Gas geben und auf höchster Stufe etwa 5 Minuten ordentlich kneten. Teig zudecken, an einen warmen Ort stellen und etwa 15 Minuten warten. Jetzt sollte er sichtbar größer sein.

2_ Teig und Arbeitsfläche leicht mit Mehl bestäuben, dann klebt's nicht. Nochmal kurz kneten, Teig halbieren und jede Hälfte zu einer runden Platte mit etwa 30 cm Durchmesser ausrollen. Und jetzt fehlt nur noch der Belag.

Enthält pro Portion: E: 16 g, F: 24 g, Kh: 96 g, kJ: 2836, kcal: 678

Lauchkuchen

Die Durchlaucht unter den Kuchen.

>> Bringen Sie Ihren Porree in eine Topform, versuchen Sie diesen Kuchen. Betten Sie ihn auf krossen Blätterteig und Sie liegen genau richtig, wenn sich die Lust auf was Herzhaftes meldet.

½ Pck. (225 g) TK-Blätterteig

2 kleine Zwiebeln

1 große Stange Porree (Lauch)

1 Möhre

50 g Butter

1 TL Kräutersalz

½ TL gemahlener Koriander

Pfeffer aus der Mühle

125 ml (⅛ l) Schlagsahne

2 Eier

Dauert: **25 Minuten**

(ohne Auftau- und Backzeit)

1_ Blätterteig nach Packungsanleitung auftauen. Zwiebeln abziehen, in Würfel schneiden. Porreestange putzen, waschen, längs halbieren und in dünne Scheiben schneiden. Möhre putzen, schälen und fein raspeln.

2_ Butter in einer Pfanne zerlassen. Zwiebelwürfel, Porreescheiben und Möhrenraspel andünsten. Kräutersalz, Koriander und Pfeffer dazu. Sahne mit den Eiern verschlagen und untermischen. Die Masse bei schwacher Hitze leicht stocken lassen.

3_ Blätterteigscheiben aufeinander legen, aber nicht verkneten. Etwas Mehl auf die Arbeitsfläche und jetzt eine runde Platte von etwa 32 cm Durchmesser ausrollen. Eine Springform von 26–28 cm Durchmesser mit kaltem Wasser ausspülen, nicht abtrocknen. Die Blätterteigplatte so reinlegen, dass sie etwas über den Rand hängt, und etwas andrücken.

4_ Porreemasse auf dem Teig verteilen. Die Form auf den Rost und etwa 20 Minuten in den vorgeheizten Backofen (Ober-/Unterhitze 200 °C, Heißluft 180 °C, Gas Stufe 3–4). Den Lauchkuchen auf einen Kuchenrost stellen, etwas abkühlen lassen. Überhängenden Rand abschneiden, aus der Form lösen und warm servieren. Unwiderstehlich!

Enthält pro Portion: E: 9 g, F: 37 g, Kh: 25 g, kJ: 1960, kcal: 469

>> **Kleiner Tipp:** *Runde Blätterteigplatten von etwa 32 cm Durchmesser gibt's auch fertig im Kühlregal.*

No. 1
Schnellschmecker

Kartoffelfrikadellen

Für die werden nur Knollen geschlachtet.

Für 4–6 Personen

1 kg mehlig kochende Kartoffeln

50 g Kürbiskerne

2 kleine Zwiebeln

1 Knoblauchzehe

5–6 EL Speiseöl

1 kleines Bund Petersilie

Salz, Pfeffer aus der Mühle

2 Eier, etwas Mehl

Paniermehl

Dauert: **30 Minuten**

(ohne Koch- und Ruhezeit)

1_ Kartoffeln schälen, abspülen, etwa 20 Minuten in Salzwasser gar kochen. Zwischenzeitlich die Kürbiskerne in einer Pfanne ohne Fett anrösten, dann hacken. Zwiebeln und Knoblauch abziehen, in feine Würfel schneiden, in der Pfanne mit 1 Esslöffel von dem Öl andünsten. Petersilie abspülen, Blättchen abzupfen, hacken und mit den Kürbiskernen dazugeben.

2_ Die Kartoffeln abgießen, kurz auf dem Herd abdämpfen lassen. Dann mit einem Kartoffelstampfer kräftig zerstampfen. Mit der Zwiebelmischung vermengen und mit Salz und Pfeffer würzen. Dann so etwa 20 Minuten ruhen lassen.

3_ Eier verquirlen. Kartoffelmasse zu kleinen Bällchen formen und flach drücken. In Mehl, in Ei und dann in Paniermehl wenden. Restliches Öl portionsweise in einer großen Pfanne erhitzen. Die Frikadellen bei mittlerer Hitze etwa 5 Minuten von beiden Seiten lecker goldgelb braten.

Enthält pro Portion: E: 9 g, F: 18 g, Kh: 35 g, kJ: 1428, kcal: 341

No.1
Schnellschmecker
014·015

Frikadellen

Trends kommen und gehen. Frikadellen bleiben.

1 Brötchen vom Vortag

2 Zwiebeln

5–6 EL Speiseöl

600 g Gehacktes (halb Rind, halb

Schwein)

1 Ei

Salz, Pfeffer aus der Mühle

Paprikapulver edelsüß

Dauert: **30 Minuten**

1_ Brötchen einige Minuten in kaltem Wasser einweichen. Zwiebeln abziehen, fein würfeln. 1 Esslöffel von dem Öl in einer Pfanne erhitzen und rein mit den Zwiebelwürfeln. 2–3 Minuten schön glasig dünsten, ab und zu umrühren.

2_ Brötchen kräftig ausdrücken. Mit Gehacktem, Zwiebelwürfeln und Ei vermengen. Mit Salz, Pfeffer und Paprikapulver würzen. Aus der Masse mit feuchten Händen kleine Frikadellen formen.

3_ Restliches Öl portionsweise in der Pfanne erhitzen. Die Frikadellen darin bei mittlerer Hitze in 5–8 Minuten braten. Ab und zu wenden, und sie werden schön gleichmäßig braun.

Enthält pro Portion: E: 31 g, F: 40 g, Kh: 8 g, kJ: 2137, kcal: 510

Gemüse-Baguette

Weißbrot, das über sich hinaus wächst.

Für 2 Personen

je 1 rote und gelbe Paprikaschote

4 EL Olivenöl

2 Stängel Thymian

Salz, Pfeffer aus der Mühle

etwas Balsamico-Essig

2 Baguettebrötchen

1 Knoblauchzehe

Dauert: **20 Minuten**

1_ Paprikaschoten waschen und vierteln. Das Kerngehäuse raus. In einer Pfanne 2 Esslöffel von dem Öl erhitzen, die Paprika bissfest braten. Thymianstängel abspülen, grob hacken, dazugeben. Mit Salz, Pfeffer und etwas Balsamico-Essig abschmecken. Gemüse rausnehmen und abkühlen lassen.

2_ Nochmal 1 Esslöffel Olivenöl erhitzen. Die Brötchen durchschneiden, die Schnittflächen im heißen Öl schön goldgelb rösten. Knoblauchzehe abziehen und die noch heißen Schnittflächen der Brötchen mit Knoblauch abreiben – je intensiver, desto mehr Abstand sollte man später zu seinen Mitmenschen halten.

3_ Das Paprikagemüse auf den unteren Brötchenhälften verteilen, das restliche Öl drüber träufeln. Brötchen zuklappen, fertig, lecker.

Enthält pro Portion: E: 6 g, F: 21 g, Kh: 40 g, kJ: 1586, kcal: 379

>> **Kleiner Tipp:** *Nachdem man die unteren Hälften der Brötchen mit den Paprika belegt hat, etwas in Würfel geschnittenen Schafskäse darauf verteilen.*

No. 1
Schnellschmecker
016·**017**

Bauarbeiterbrötchen

Und der Hunger kann Schicht machen.

Für 2 Personen

1 Möhre

3–4 Radieschen

2–3 Blätter Eisbergsalat

½ Bund Rucola

4 Scheiben Bacon (Schinkenspeck)

2 EL Olivenöl

2 Eier, Salz

2 Brötchen, 40 g Butter

Pfeffer aus der Mühle

Dauert: **20 Minuten**

1_ Möhre putzen, schälen und raspeln. Radieschen waschen, putzen und in Scheiben schneiden. Eisbergsalat putzen und in dünne Streifen schneiden. Genau wie den Rucola waschen und gut abtropfen lassen.

2_ Pfanne ohne Fett erhitzen, Bacon knusprig braten. Das Fett vom Speck verhindert das Anbrennen. Dann rausnehmen. Öl in der Pfanne erhitzen. Eier vorsichtig aufschlagen und nebeneinander in die Pfanne gleiten lassen. Eiweiß mit Salz bestreuen und jetzt etwa 4 Minuten bei mittlerer Hitze braten, bis die Ränder leicht braun sind. Spiegeleier wenden und nochmal 2 Minuten braten.

3_ Brötchen durchschneiden. Butter drauf und auf die unteren Hälften Eisbergsalatstreifen legen. Dann die gebratenen Eier und den Bacon. Zusätzlich mit Möhrenraspeln, Radieschenscheiben und Rucola belegen. Zwei, drei Umdrehungen aus der Pfeffermühle. Brötchen zuklappen, etwas andrücken und reinbeißen. Hmmm!

Enthält pro Portion: E: 15 g, F: 35 g, Kh: 26 g, kJ: 2001, kcal: 478

Gemüsepfannkuchen
Da sind die Vitamine platt.

>> Einer ist keiner, denn diese Pfannkuchen schmecken nach mehr – nicht nur Vegetariern. Und sind ruckzuck gemacht. Das müssen sie aber auch, denn so schnell wie sie gebacken sind, sind sie auch wieder weg. Und zurück bleibt nur ein genüssliches Lächeln.

Für 2–3 Personen

Für den Teig:

250 g Weizenmehl

4 Eier

1 Prise Zucker

1 Prise Salz

375 ml (³/₈ l) Milch

125 ml (¹/₈ l) Mineralwasser

Für das Gemüse:

1 Gemüsezwiebel

1 rote Paprikaschote

7–8 EL Speiseöl

Pfeffer aus der Mühle

etwas Kresse

Dauert: 30 Minuten

(ohne Teigquellzeit)

No.1
Schnellschmecker
018·019

1_ Mehl in eine Rührschüssel sieben und in die Mitte eine Vertiefung eindrücken. Eier mit Zucker, Salz, Milch und Mineralwasser mit einem Schneebesen verschlagen, etwas davon in die Vertiefung geben. Von der Mitte aus Eierflüssigkeit und Mehl verrühren, nach und nach die übrige Eierflüssigkeit dazu. Vorsicht, Klümpchen! Den Teig 20 Minuten quellen lassen.

2_ Gemüsezwiebel abziehen, Paprikaschote vierteln, putzen und beides in sehr feine Streifen schneiden. Etwas von dem Öl in einer Pfanne erhitzen. Einige Paprika- und Zwiebelstreifen darin mit etwas Pfeffer 2 Minuten dünsten, eine dünne Teiglage drüber gießen und bei mittlerer Hitze stocken lassen. Wenn die Ränder goldgelb sind, vorsichtig mit einem Pfannenwender oder einem Holzspatel wenden und die zweite Seite goldgelb backen.

3_ Die restlichen Gemüsepfannkuchen genauso backen, dabei den Teig vor jedem Backen umrühren. Die Gemüsepfannkuchen mit Kresse garnieren und nach Belieben mit Blattsalat servieren.

Enthält pro Portion: E: 17 g, F: 29 g, Kh: 54 g, kJ: 2318, kcal: 554

>> *Noch ein Tipp: Statt Gemüsezwiebel und Paprika schmecken auch Frühlingszwiebeln und Champignons. Dazu passt Blattsalat prima.*

>> *Lust auf eine Variante? Apfelpfannkuchen, so wie auf dem Foto. Dafür den Teig wie oben anrühren, aber mit 1 Esslöffel Zucker statt nur 1 Prise. Statt Gemüse 1 kg säuerliche Äpfel wie z. B. Boskop schälen, vierteln, entkernen, in kleine, dünne Scheiben schneiden und in Portionen teilen. Etwas Fett in der Pfanne erhitzen. 1 Portion Apfelscheiben darin 2–3 Minuten dünsten, eine dünne Teiglage darüber gießen und bei mittlerer Hitze stocken lassen. Den Pfannkuchen ab und an vom Boden lösen und wie beschrieben fertig backen. Restliche Äpfel und Teig auf die gleiche Weise verarbeiten. Die Pfannkuchen mit Zimt-Zucker, Mandeln und – wer will – mit Puderzucker bestreuen.*

Wraps mit Lachs

Hier dreht sich alles um Fisch

>> Wraps sind einfach für jede Füllung zu haben. Da kommt Lachs gerade richtig. Sein zartes Fleisch mit süßlichen Nuancen und der rauchigen Note passt herrlich zu Weizenfladen und Gemüse. Sind Sie bereit zum Anbeißen?

1 rote und 1 gelbe Paprika-

schote

250 g Rucola

1 Kästchen Kresse

8 weiche Weizentortillas

2 Becher (je 150 g) Crème fraîche

2–3 EL Sahne-Meerrettich

Salz, Pfeffer, Zucker

250 g Räucherlachs in Scheiben

No.1
Schnellschmecker
020·021

Dauert: **30 Minuten**

1_ Paprikaschoten halbieren, Stiele ab, Kerne und die weißen Scheidewände raus. Dann waschen und in dünne Streifen schneiden. Rucola verlesen, dicke Stängel ab, waschen und abtropfen lassen. Kresse abspülen, trocken-tupfen und abschneiden. Tortillas nach Packungsanleitung im Backofen oder nacheinander in einer Pfanne ohne Fett beidseitig kurz erwärmen.

2_ Crème fraîche mit Sahne-Meerrettich verrühren, mit Salz, Pfeffer und Zucker würzen. Tortillas mit der Hälfte der Sauce bestreichen, Rucola und Kresse drauf verteilen. Pro Tortilla 1–2 Lachsscheiben darauf, die Paprika-streifen darüber streuen und die restliche Sauce drauf verteilen. Tortillas fest aufrollen, schräg halbieren und sofort servieren oder kurz kalt stellen.

Enthält pro Stück: E: 12 g, F: 18 g, Kh: 24 g, kJ: 1248, kcal: 299

>> *Kleiner Tipp: Die Tortillas zum Servieren in flache Gläser stellen oder das untere Ende fest mit einer Serviette umwickeln. Die Lachswraps nicht zu lange vor dem Essen vorbereiten, sie weichen sonst durch.*

>> *Variante, die erste: Wraps mit Balkansalat. Dafür 8 Weizentortillas im Backofen oder nacheinander in einer heißen Pfanne ohne Fett beidseitig kurz erwärmen. ½ Eisbergsalat putzen, abspülen, abtropfen lassen und in Streifen schneiden. 1 Dose Gemüsemais (Abtropfgewicht 285 g) abtropfen lassen, 2 Zwiebeln abziehen und fein würfeln. 1 rote Paprikaschote halbieren, entstie-len, entkernen, die weißen Scheidewände entfernen, Schote waschen und in Streifen schneiden. 3 Schalen Balkansalat (je 200 g) mit Mais und Zwiebeln mischen. Tortillas mit etwas Eisbergsalat belegen, Balkansalat und Papri-kastreifen darauf und fest aufrollen. Die Rollen schräg halbieren.*

>> *Variante, die zweite: Wraps mit Geflügelsalat. Dafür 8 Weizentortillas im Backofen oder nacheinander in einer heißen Pfanne ohne Fett beidseitig kurz erwärmen. ½ Eisbergsalat putzen, abspülen, abtropfen lassen und in Streifen schneiden. 2 Birnen schälen, vierteln, entkernen und in dünne Spalten schnei-den. Tortillas mit etwas Eisbergsalat, 3 Schalen Geflügelsalat (je 200 g) und Birnenstreifen belegen. Mit Currypulver bestreuen und schön fest aufrollen. Die Rollen schräg halbieren.*

Kross & Co.

Ich grill, wann ich will.

No.1
Kross & Co.
022·**023**

>> Hier kriegt Kurzgebratenes und Gegrilltes sein Fett weg. Seine Sauce natürlich auch. Oder die eine oder andere Marinade. Schließlich geht doch nichts über eine anständige Tunke zum..., zum..., zum, was Sie auch mögen: Fleisch, Fisch, Geflügel, Käse. Gebraten, gegrillt. Und alle nur denkbaren Kombinationen daraus.

Denn ob gedippt, bestrichen, getunkt, aufgesaugt oder am Ende vielleicht sogar vom Teller geschleckt: Flüssige Würze ist der halbe Genuss.

Klassische asiatische Marinade
Fernost ganz nah.

\>\> Wie schmeckt Europa? Wie Afrika oder Australien? Keinen Kontinent erkennt man sofort so eindeutig am Geschmack wie Asien. Und wer dieser Marinade auf den Grund geht, weiß, warum.

1 walnussgroßes Stück Ingwer

3 Knoblauchzehen

1 TL rote Currypaste (Asialaden)

abgeriebene Schale und Saft von

1 Bio-Zitrone (unbehandelt, ungewachst)

3 EL helle Sojasauce

1 EL Sesamöl, 2 EL flüssiger Honig

Dauert: **10 Minuten**

1_ Ingwer schälen, fein schneiden. Knoblauch abziehen und fein würfeln. Ingwer mit Knoblauch und den restlichen Zutaten mit dem Schneebesen ordentlich verrühren.

2_ Fleisch oder Fisch in ein flaches Gefäß und die Marinade drüber. Das Fleisch 1 Stunde, den Fisch 30 Minuten schön ziehen lassen. Zwischendurch mal wenden.

Für je 900 g Rind, Lamm, Schwein, Hähnchen, Ente oder Fisch

Enthält pro Portion (mit Rind): E: 47 g, F: 11 g, Kh: 5 g, kJ: 1367, kcal: 327

Halloumi-Marinade

Schon mal Halloumizinationen gehabt?

1 rote Chilischote

1 Knoblauchzehe

2–3 Stängel Thymian

Salz, Pfeffer aus der Mühle

100 ml Olivenöl

Dauert: **10 Minuten**

1_ Käse in etwa 2 cm dicke Scheiben schneiden. Dann in ein flaches Gefäß legen. Chili entstielen und in feine Ringe schneiden. Knoblauch abziehen und fein würfeln. Thymian abspülen, die Blättchen von den Stängeln zupfen und grob hacken.

2_ Chili, Knoblauch und Thymianblätter über den Käse streuen. Mit Salz und Pfeffer würzen. Ein paar Tropfen Olivenöl drauf, dann 1 Stunde ziehen lassen.

für 500 g Halloumi-Käse, den zyprischen Grillkäse

Enthält pro Portion: E: 25 g, F: 46 g, Kh: 0 g, kJ: 2157, kcal: 515

No.1
Kross & Co.
024·**025**

Senf-Marinade

Kleine Körner, große Wirkung.

1 kleine Zwiebel, 1 Knoblauchzehe

1–2 Stängel Oregano

2 EL scharfer Senf, z. B. Dijonsenf

4 EL Weißweinessig

4 EL Olivenöl

50 g abgezogene, gehobelte Mandeln

Salz, Pfeffer aus der Mühle

Dauert: **10 Minuten**

1_ Zwiebel und Knoblauch abziehen und fein würfeln. Oregano abspülen, die Blättchen von den Stängeln zupfen und grob hacken. Alles mit den restlichen Zutaten mit dem Schneebesen ordentlich vermischen.

2_ Fleisch oder Fisch in ein flaches Gefäß und die Marinade d-über. Fleisch 1 Stunde, Fisch 30 Minuten schön ziehen lassen. Zwischendurch mal wenden.

Für je 900 g Rind, Lamm, Schwein, Hähnchen, Kalb oder weißen Fisch

Enthält pro Portion (mit Rind): E: 47 g, F: 18 g, Kh: 1 g, kJ: 1521, kcal: 364

Barbecue-Sauce
Bei der wird jeder Grill heiß.

Für 6–7 Gläser zu je 200 ml

1 Gemüsezwiebel

1 kleines Bund krause Petersilie

300 ml abgekühlter starker

Kaffee

1 TL Sambal Oelek

1 l Tomatenketchup

Dauert: **20 Minuten**

(ohne Durchziehzeit)

Hält gekühlt: **etwa 3 Wochen**

1_ Zwiebel abziehen und in kleine Würfel schneiden.

2_ Petersilie abspülen und trockentupfen. Die Blättchen von den Stängeln zupfen und fein hacken.

3_ Kaffee in eine Schüssel gießen. Zwiebelwürfel, Petersilie, Sambal Oelek und Ketchup dazu. Gut verrühren.

4_ Die Sauce in Gläser füllen, fest verschließen und kalt stellen. BBQ-Sauce etwas durchziehen lassen.

Enthält pro 100 g: E: 2 g, F: 0 g, Kh: 17 g, kJ: 330, kcal: 79

>> **Ein Tipp noch:** *Die BBQ-Sauce ist perfekt zu gegrilltem Fleisch und zum Bestreichen von gebackenen Spareribs.*

No.1
Kross & Co.
026·027

Scharfes Tomaten-Paprika-Relish
Wie mutig ist Ihre Zunge?

Für 3–4 Gläser zu je 200 ml

1 Glas eingelegte Paprika

(Abtropfgewicht 260 g)

1 große Dose geschälte Tomaten

(Einwaage 800 g)

3–4 Knoblauchzehen

1–2 EL Harissa-Paste (aus dem

türkischen Supermarkt)

4 EL kaltgepresstes Olivenöl, Salz

Dauert: **25 Minuten**

(ohne Durchziehzeit)

Hält gekühlt: **etwa 3 Wochen**

1_ Paprika gut abtropfen lassen und in sehr kleine Würfel schneiden. Tomaten abtropfen lassen und grob zerkleinern. Knoblauch abziehen und durch die Knoblauchpresse drücken.

2_ Paprikawürfel mit Tomatenstücken, Knoblauch, Harissa und Olivenöl mischen, mit Salz abschmecken und etwa 2 Stunden durchziehen lassen.

3_ Überschüssiges Olivenöl evtl. abgießen. Relish in Gläser füllen und gut verschließen. Relish kalt stellen und 2–3 Tage durchziehen lassen.

Enthält je 100 g: E: 1 g, F: 6 g, Kh: 3 g, kJ: 286, kcal: 68

>> **Tipp:** *Relish passt großartig zu gegrilltem oder gebratenem Fleisch oder Geflügel und zu gebackenem, pochiertem, gegrilltem oder gebratenem Fisch.*

Spareribs

Daran haben alle zu knabbern.

>> Soul ist Ihr Ding? Dann werden Sie Spareribs lieben. Und wenn nicht, dann sicher auch. Denn die gehören zum Soulfood, der traditionellen Küche der Afroamerikaner. Besuchen Sie also die Südstaaten oder probieren Sie einfach folgendes:

1 Gemüsezwiebel

1 kleines Bund Suppengrün

(Möhren, Porree, Sellerie)

10 Pfefferkörner

4 Lorbeerblätter

Salz

2 kg dünne Rippe (vom Schwein)

400 ml selbst gemachte BBQ-Sauce, so wie auf Seite 26/27

Dauert: **30 Minuten**

(ohne Kochzeit)

1_ Zwiebel abziehen und halbieren. Suppengrün putzen, in grobe Stücke schneiden. Zwiebel, Suppengrün und Gewürze in einen großen Topf mit Wasser geben. Etwas Salz dazu, dann zum Kochen bringen.

2_ Sollten die Rippchen zu lang sein, einfach halbieren oder dritteln. Dann ab ins kochende Wasser und aufpassen, dass sie mit Wasser bedeckt sind. Hitze reduzieren und die Rippchen 45–60 Minuten mit Deckel köcheln lassen. Wenn sich das Fleisch leicht vom Knochen löst, sind sie fertig. Aber aufgepasst: Das Fleisch darf nicht schon im Topf vom Knochen fallen!

3_ Rippchen auf ein mit Backpapier belegtes Backblech legen. Im vorgeheizten Backofen 10–15 Minuten knusprig backen (Ober-/Unterhitze 220 °C, Heißluft 200 °C, Gas Stufe 4–5). Sie sind schön goldgelb? Dann aus dem Ofen holen, mehrmals mit der BBQ-Sauce bestreichen und sofort auf den Tisch.

Enthält pro Portion: E: 45 g, F: 21 g, Kh: 21 g, kJ: 1918, kcal: 457

>> **Tipp:** *Dazu passen super die Bratkartoffeln von Seite 56/57 oder Kartoffelecken von Seite 52/53. Oder ein knackiger Blattsalat mit ein paar Kidney-Bohnen, Mais und Perlzwiebeln.*

>> **Übrigens:** *Die Rippchen kann man auch am Vortag kochen, dann im Kühlschrank aufbewahren und am nächsten Tag bestreichen und backen.*

No.1
Kross & Co.

Wok-Werk

Leichtes aus der Pfanne, die eine Schüssel ist.

No.1
Wok-Werk
030·**031**

>> Die chinesische Sprache kennt rund 87.000 Schriftzeichen. Das aber ist nichts verglichen mit der Küche. Denn da gibt es unendlich viele Zeichen guten Geschmacks. Und die meisten davon findet man im Wok. Bunt zusammengerührt, von süß bis sauer, von scharf bis mild. Hauptsache leicht.

Was man klein schneiden kann, passt auch in einen Wok. Sollte Ihnen da also mal eine Currywurst begegnen, genießen Sie's einfach und lassen Sie Ihren Stäbchen freien Lauf.

Gebratenes Gemüse mit Reis

Ein köstliches Durcheinander.

>> Wirklich geordnet geht's ja nicht zu, wenn diese vegetarische Leckerei auf dem Teller Platz nimmt. Die ganzen Zutaten – alles kreuz und quer. Lassen Sie sich davon nicht irritieren, denn Sie werden feststellen: Geschmacklich ist alles in feinster Ordnung.

No.1
Wok-Werk
032·033

Für den Reis:

400 ml Wasser

200 g Basmati- oder Duftreis

½ TL Salz

Für die Gemüsepfanne:

200 g Zuckerschoten

200 g Möhren

1 Stange Staudensellerie

2 Zucchini

1 rote Paprikaschote

3–4 Cocktailtomaten

250 g Champignons

3 EL Speiseöl

200 ml Gemüsebrühe

2–3 EL helle Sojasauce

2–3 EL Sherry

100 g frische Sojabohnensprossen

½ Bund Estragon

1 TL Speisestärke

2 EL Wasser

Salz, Pfeffer aus der Mühle

gemahlener Koriander

Dauert: **45 Minuten**

1_ Wasser mit Reis und Salz in einen Topf geben, zum Kochen bringen und den Reis bei schwacher Hitze 15–20 Minuten mit geschlossenem Deckel quellen lassen, dabei gelegentlich umrühren.

2_ Zwischenzeitlich Zuckerschoten waschen. Dann 1–2-mal schräg durchschneiden. Möhren und Staudensellerie putzen, schälen, waschen, Möhren in Scheiben, Staudensellerie in Streifen schneiden. Zucchini waschen, Enden abschneiden, längs halbieren und in dünne Scheiben schneiden.

3_ Paprikaschote halbieren. Stiel, Kerne und weiße Scheidewände raus. Dann waschen und würfeln. Cocktailtomaten waschen und halbieren. Champignons putzen, mit Küchenpapier abreiben und in Scheiben schneiden.

4_ Öl in einem Wok erhitzen. Champignons rund 2 Minuten unter Rühren braten, dann mit einer Schaumkelle herausnehmen. Jetzt nach und nach Möhren, Staudensellerie, Zuckerschoten, Zucchini und Paprika ab ins Bratfett. Kurz anbraten, dabei schön rühren. Mit Brühe, Sojasauce und Sherry ablöschen. Deckel drauf und das Gemüse so etwa 5 Minuten bei schwacher Hitze garen.

5_ In der Zwischenzeit Sojabohnensprossen waschen und abtropfen lassen. Estragon abspülen, trockentupfen. Einige Blätter zum Garnieren zurücklassen, den Rest hacken. Champignons zum Gemüse geben und alles noch etwa 2 Minuten garen. Ab und zu rühren.

6_ Die Stärke mit Wasser verrühren, unter das kochende Gemüse rühren und aufkochen. Sojabohnensprossen und gehackten Estragon dazu. Mit Salz, Pfeffer und Koriander abschmecken und noch 1 Minute unter Rühren garen. Den fertigen Reis dazu und die Gemüsepfanne mit den Estragonblättern garnieren – lecker!

Enthält pro Portion: E: 14 g, F: 11 g, Kh: 55 g, kJ: 1645, kcal: 393

Currywurst de Luxe mit Garnele

Der Fuchsschwanz am Ferrari.

4 TK-Riesengarnelen

4 Rostbratwürste

1 Frühlingszwiebel

1 kleine rote Chilischote

etwas Speiseöl

300 ml selbst gekochte Currysauce (siehe unten)

Currypulver zum Bestäuben

Dauert: **20 Minuten**

(ohne Auftauzeit)

1_ Garnelen auftauen lassen. Bratwürste in Scheiben schneiden. Frühlingszwiebel putzen, waschen und mit der entstielten Chilischote in Ringe schneiden.

2_ Etwas Öl in einem Wok erhitzen – funktioniert aber auch in einer normalen
Pfanne. Dann die Bratwurstscheiben beidseitig anbraten.

3_ Aufgetaute Riesengarnelen schälen. Den Rücken entlang einschneiden,
den Darm entfernen – das ist der schwarze Faden. Garnelen waschen,
trockentupfen und jede in 5 Stücke schneiden.

4_ Garnelenstücke, Frühlingszwiebeln und Chili kurz mitbraten. Hitze reduzieren und mit der Currysauce aufgießen. In Portionsschalen oder auf
einer Platte anrichten. Mit Currypulver bestäuben, fertig!

Enthält pro Portion: E: 20 g, F: 30 g, Kh: 14 g, kJ: 1671, kcal: 399

>> **Noch ein Tipp:** *Sie haben keine Riesengarnelen? Mit Shrimps oder Flusskrebs-
schwänzen schmeckt's auch.*

No. 1
Wok-Werk
034·**035**

Currysauce

Die ist dem Wok Wurst.

Für 7–8 Gläser je 200 ml

600 ml Wasser

1 EL Currypulver indisch

1 EL Zucker

1 TL Paprikapulver rosenscharf

1 TL Sambal Oelek

1 l Tomatenketchup

Dauert: **25 Minuten**

Hält gekühlt: **1–2 Monate**

1_ Wasser in einen Topf geben. Curry, Zucker, Paprika und Sambal Oelek dazu
und alles verrühren. Das Ganze zum Kochen bringen.

2_ Topf vom Herd nehmen. Ketchup einrühren, ständig weiterrühren und
kurz nochmal aufkochen lassen.

3_ Currysauce sofort verwenden. Oder in vorbereitete Gläser füllen und kalt
gestellt aufbewahren.

Enthält pro 100 g etwa: E: 1 g, F: 0 g, Kh: 16 g, kJ: 317, kcal: 76

>> **Kleiner Tipp:** *Die Currysauce passt natürlich bestens zur klassischen
Currywurst.*

Chinesische Nudeln mit Gemüse

Nur Asienurlaub ist intensiver.

>> Nudeln wurden nicht wie oft behauptet in China erfunden, sondern in Griechenland. Aber was macht das schon. Dafür haben die Asiaten ihr ganzes Würzwissen und knackige Zutaten in den Wok geworfen, kräftig gerührt und uns diese raffinierte Leichtigkeit beschert.

200 g chinesische Eiernudeln (ohne Kochen)

Für die Würzsauce:

2 EL helle Sojasauce

Saft von 1 Limette

2 EL Kokosmilch

1 TL Currypulver

Für das Gemüse:

2 Möhren

1 Zucchini

2 gelbe Paprikaschoten

2 Chilischoten

1 Knoblauchzehe

1 haselnussgroßes Stück Ingwer

1–2 Stängel Basilikum

4 EL Speiseöl

Salz, Zucker

Dauert: **45 Minuten**

1_ Die Eiernudeln so lange in lauwarmes Wasser, bis sie weich sind. Dann in ein Sieb abgießen und abtropfen lassen. In der Zwischenzeit Sojasauce, Limettensaft, Kokosmilch und Currypulver kräftig in einer Schüssel verrühren.

2_ Möhren schälen, putzen, halbieren und schräg in Scheiben schneiden. Zucchini putzen, waschen, halbieren – Kerne herausschaben, wenn man sie nicht mag – und in nicht zu dünne Scheiben schneiden. Die Paprikaschoten entstielen, entkernen, Scheidewände raus, Schoten waschen und in Streifen schneiden. Chilischoten waschen, entstielen und in schräge Ringe schneiden. Knoblauch und Ingwer schälen, fein hacken. Basilikum waschen, trockentupfen, Blätter von den Stängeln zupfen und grob in Streifen schneiden.

3_ Das Öl im Wok erhitzen, Knoblauch und Ingwer kurz anbraten. Möhren, Paprika und Zucchini dazu und unter ständigem Rühren etwa 3 Minuten braten. Chilischotenringe dazu und noch etwa 2 Minuten unter Rühren weiterbraten.

4_ Die Würzsauce dazu, aufkochen und das Gemüse bissfest garen. Mit Salz und einer guten Prise Zucker abschmecken, Basilikumblätter und eingeweichte Nudeln untermengen. Die Gemüsenudeln in Schälchen oder auf einer großen Platte servieren.

Enthält pro Portion: E: 9 g, F: 13 g, Kh: 46 g, kJ: 1441, kcal: 342

>> **Tipp:** *Zusammen mit den Chilischoten kann man auch etwas Mangold oder Chinakohl nehmen. Einfach in Streifen schneiden und kurz in Salzwasser abkochen.*

Geschnetzeltes Rindfleisch auf chinesische Art

So viel chinesisch versteht jeder.

Zutaten:

- 400 g Rumpsteak
- 1 walnussgroßes Stück Ingwer
- 3–4 EL helle Sojasauce
- 1 TL Sambal Oelek
- 1 rote Paprikaschote
- 200 g Zuckerschoten
- 200 g Sojabohnenkeimlinge
- 1 Knoblauchzehe
- 2 EL Speiseöl
- Pfeffer aus der Mühle
- Salz
- 1 Prise Zucker

Dauert: **45 Minuten**

No. 1
Wok-Werk
038·039

1_ Rumpsteak in feine Streifen schneiden. Für die Marinade Ingwer schälen, sehr fein hacken. Mit Sojasauce und Sambal Oelek verrühren. Marinade mit dem Fleisch vermischen und 20–30 Minuten ziehen lassen.

2_ Zwischenzeitlch Paprikaschote halbieren, Kerne und Scheidewände entfernen, waschen und in kleine Würfel schneiden. Zuckerschoten abspülen, schräg durchschneiden. Sojabohnenkeimlinge im Sieb abspülen und abtropfen lassen. Knoblauch abziehen und ab durch die Knoblauchpresse.

3_ Öl im Wok erhitzen. Die Fleischstreifen mit Marinade dazu, kräftig anbraten, dabei schön umrühren. Paprika, Zuckerschoten und Knoblauch darunter und weitere 5–8 Minuten garen. Umrühren nicht vergessen. Gegen Ende Sojabohnenkeimlinge untermengen.

4_ Zuletzt alles mit Pfeffer, etwas Salz und Zucker abschmecken. Fertig! Beilage: Reis oder chinesische Nudeln.

Enthält pro Portion: E: 28 g, F: 10 g, Kh: 11 g, kJ: 1055, kcal: 251

>> ***Etwas Abwechslung? Schweinefleisch süß-sauer.*** Dafür 400 g mageres Schweinefleisch würfeln. Für die Marinade 2 Teelöffel Speisestärke mit 2 Esslöffeln heller Sojasauce und 1 Esslöffel Zitronensaft verrühren. Fleisch 20–30 Minuten in der Marinade ziehen lassen. 3 Möhren schälen, putzen, längs halbieren und in Scheiben schneiden. 2 kleine Stangen Staudensellerie putzen und in dünne Streifen schneiden. 2–3 Frühlingszwiebeln putzen und in Ringe schneiden. Schale von 1 Bio-Orange (unbehandelt, ungewachst) mit der Küchenreibe abreiben, restliche Schale mit einem scharfen Messer so schälen, dass die weiße Haut mit entfernt wird. Orangenfilets rausschneiden. 3–4 Stängel Koriander abspülen, abtropfen lassen, Blättchen von den Stängeln zupfen und hacken. 2 Esslöffel Öl im Wok erhitzen. Fleischwürfel mit Marinade ins Öl und unter ständigem Rühren schön anbraten. Möhren, Staudensellerie und Frühlingszwiebeln darunter und 5–8 Minuten garen. Dabei immer schön umrühren. Gegen Ende Orangenstücke mit abgeriebener Schale und Koriander drunter. Mit Sojasauce, Honig und Zitronensaft abschmecken.

Meeresfrüchte mit Gemüse aus dem Wok
Köstlich, was da alles auftaucht.

>> Wer der asiatischen Küche auf den Grund gehen will, sollte sich mal ein paar tiefgekühlte Meeresfrüchtchen fischen. Und sie dann in knackigem Gemüse und würziger Sauce schwimmen lassen. So leicht kann's lecker sein.

2 Pck. (je 275 g) TK-Meeresfrüchte-Mischung, gekocht
2 Zwiebeln
3 Knoblauchzehen
1 Zucchini
½ Bund Staudensellerie
½ Bund Frühlingszwiebeln
3–4 Cocktailtomaten
4 EL Speiseöl
100 g Glasnudeln
200 g Sojabohnenkeimlinge
Salz, Pfeffer aus der Mühle
4 EL Fischsauce (Asialaden)
2 EL helle Sojasauce
2 TL Zucker

Dauert: **40 Minuten**
(ohne Auftauzeit)

1_ Meeresfrüchte-Mischung auftauen. Zwiebeln und Knoblauch abziehen, fein würfeln. Zucchini waschen, Enden abschneiden, der Länge nach halbieren und in dünne Scheiben schneiden. Staudensellerie und Frühlingszwiebeln putzen und in dünne Scheiben schneiden. Cocktailtomaten waschen, abtropfen lassen und halbieren.

2_ Das Öl im Wok erhitzen. Zwiebeln, Staudensellerie und Zucchini bei starker Hitze anbraten. Knoblauch, Tomatenhälften und Frühlingszwiebeln dazu und alles kurz braten.

3_ Glasnudeln in lauwarmem Wasser einweichen. Die Meeresfrüchte in einem Sieb kalt abspülen, gut abtropfen lassen. Dann unter das angebratene Gemüse rühren und 3–5 Minuten mitdünsten lassen. Sojabohnenkeimlinge in einem Sieb kalt abspülen, gut abtropfen lassen und kurz mitdünsten.

4_ Alles mit Salz, Pfeffer, Fisch- und Sojasauce und Zucker abschmecken. Dann die abgetropften Glasnudeln unter die Meeresfrüchte-Gemüse-Pfanne mischen. Köstlich!

Enthält pro Portion: E: 23 g, F: 12 g, Kh: 38 g, kJ: 1509, kcal: 359

>> *Kleiner Tipp:* Zur Meeresfrüchtepfanne passt Reis und/oder Salat perfekt. Etwas frischer Koriander, kurz abgekochte Porreestreifen oder Zuckerschoten machen den Geschmack so richtig rund. Ganz wichtig: Das Fett muss vorm Braten hoch erhitzt werden.

No.1
Wok-Werk
040·**041**

Heiß geliebt

Oder die Küche bleibt kalt.

No.1
Heiß geliebt
042·**043**

>> Die Stars auf dem Teller sind vielleicht Fleisch, Fisch, Geflügel. Aber die wahren Helden sind Kartoffeln, Pasta und ein gutes Stück Brot. In diesem Kapitel spielen sie die Hauptrollen und stellen ihre vielen Talente unter Beweis. In packenden Dramen um Appetit, Lust und Genuss. Als leidenschaftliche Leckereien, die das Publikum beim Essen sprachlos machen. Und die Regie führen Sie.

Pasta funghi
Waldbewohner kennen sich aus.

>> Wenn Sie Lust auf wirklich tolle Teigwaren haben, fragen Sie die Aromaexperten mit Hut: Pilze. Da hat jede Saison ihre Helden. Pfifferlinge im Sommer, Steinpilze im Herbst, Austernpilze bei Kälte. Champignons das ganze Jahr. Und das Schöne: Man findet sie in jedem guten Gemüseladen.

500 g Pilze der Saison,

am besten Champignons

1 kleine Zwiebel

1 Knoblauchzehe

1 Bund glatte Petersilie

2 EL Olivenöl

400 g Rigatoni (Röhrennudeln)

oder andere Nudeln

Salz, Pfeffer aus der Mühle

1 EL Butter

75 g frisch geriebener Parmesan

Dauert: **45 Minuten**

1_ Pilze putzen, kurz abspülen und mit Küchenpapier trockentupfen. In dünne Scheiben schneiden. Zwiebel und Knoblauch abziehen und fein würfeln. Petersilie abspülen, abtropfen lassen, Blätter von den Stängeln zupfen und in feine Streifen schneiden.

2_ Öl in einer Pfanne erhitzen, die Pilze bei mittlerer Hitze etwa 10 Minuten braten, ab und zu umrühren. Zwiebel- und Knoblauchwürfel dazu und wieder etwa 10 Minuten leicht dünsten.

3_ Zwischenzeitlich die Nudeln in reichlich Salzwasser nach Packungsanleitung al dente kochen, danach abgießen. Pilze salzen und pfeffern. Butter und Petersilie unterrühren. Die Nudeln bei großer Hitze kurz in die Pfanne zu den Pilzen, vermengen und sofort auf den Tisch. Darauf dann etwas frisch geriebenen Parmesan.

Enthält pro Portion: E: 24 g, F: 18 g, Kh: 69 g, kJ: 2265, kcal: 541

>> **Ein Tipp noch:** *Gehackte und geröstete Walnusskerne unter die Pasta – genial!*

>> **Köstlich auch diese Variante: Pasta all'arrabiata** *(Foto hinten) Dazu 100 g geräucherten, durchwachsenen Speck in feine Streifen schneiden (Vegetarier lassen den Speck einfach weg). 2 Esslöffel Olivenöl in einer Pfanne erhitzen und Speck knusprig anbraten, aus der Pfanne nehmen. 2 Knoblauchzehen abziehen und schön fein hacken. Tomaten aus der Dose (Einwaage 800 g) abtropfen lassen und klein schneiden. 2 rote Chilischoten waschen, längs halbieren, entkernen und in feine Streifen schneiden. Sie mögen's verschärft? Dann mit Kernen. Knoblauch im verbliebenen Öl kurz bräunen, Tomaten und Chilischoten in die Pfanne und bei schwacher Hitze einkochen lassen und das Umrühren nicht vergessen. In der Zwischenzeit 400 g Farfalle, die Schmetterlingsnudeln, in Salzwasser nach Packungsanleitung al dente kochen, abgießen. Fertige Sauce salzen und die Speckstreifen drunter. Nudeln in die Pfanne zur Sauce, alles schön erhitzen und mit 100 g frisch geriebenem Pecorino oder Parmesan bestreuen.*

No.1
Heiß geliebt
044·**045**

Tomaten–Ciabatta-Lasagne
Hochstapler gesucht!

>> Sie kennen Lasagne? Das sagen alle. Aber die hier ist anders. Keine Pasta drin und doch so italienisch, dass es Amore auf den ersten Biss ist. Also, geben Sie den Reizen nach, lassen Sie sich verführen. Am besten so:

1 Ciabatta-Brot vom Vortag

4 EL Olivenöl zum Beträufeln

3 Pck. (je 125 g) Mozzarella

5 mittelgroße reife Tomaten

1 Knoblauchzehe

1 kleines Bund Basilikum

Salz, Pfeffer aus der Mühle

250 g passierte Tomaten aus Tetrapack oder Dose

100 g geriebener Parmesan oder Pizzakäse

Dauert: **40 Minuten** (ohne Backzeit)

1_ Brot in dünne Scheiben schneiden, beidseitig mit Olivenöl beträufeln und auf einem Backblech im vorgeheizten Backofen etwa 10 Minuten goldbraun rösten (Ober-/Unterhitze 200 °C, Heißluft 180 °C, Gas Stufe 3–4). Zwischendurch einmal wenden.

2_ Mozzarella abtropfen lassen. Tomaten waschen, Stängelansätze raus. Mozzarella und Tomaten in dünne Scheiben schneiden. Knoblauch abziehen, halbieren und eine große Auflaufform damit ausreiben. Basilikum waschen, trockentupfen, Blättchen von den Stängeln zupfen.

3_ Die Hälfte der Brot- und Tomatenscheiben in die Auflaufform legen. Ein paar Basilikumblätter drüber, mit Salz und Pfeffer würzen. Die Hälfte des Mozzarella, die gesamten passierten Tomaten und die Hälfte des geriebenen Käses darauf schichten. Würzen. Die restlichen Zutaten in gleicher Reihenfolge schichten – bis auf ein paar Basilikumblätter. Mit Mozzarella und geriebenem Käse abschließen.

4_ Lasagne auf die mittlere Schiene im vorgeheizten Backofen (Ober-/Unterhitze 200 °C, Heißluft 180 °C, Gas Stufe 3–4) etwa 30 Minuten backen. Fertig? Dann noch mit den restlichen Basilikumblättchen bestreuen und der Abend ist ein guter.

Enthält pro Portion: E: 35 g, F: 38 g, Kh: 43 g, kJ: 2769, kcal: 658

>> *Übrigens:* Man kann auch prima 100 g Kochschinken oder Parmaschinken mit einschichten. Dann aber bitte Vorsicht mit dem Salzstreuer.

Kartoffelpüree

Da werden kleine und große Kinder weich.

>> Eine der ersten Erfahrungen mit dem Essen dürfte die mit Kartoffelpüree gewesen sein. Und ob Kindheit, Jugend oder Erwachsensein: Stets gehörte ein solider Schlag Kartoffelpüree dazu. Wie aber wird er so richtig lockerlecker? Probieren Sie's mal so:

1 kg mehlig kochende Kartoffeln

Salz

50 g Butter

etwa 250 ml (¼ l) Milch

geriebene Muskatnuss

Dauert: **35 Minuten**

1_ Kartoffeln schälen, abspülen und in Stücke schneiden. In einen Topf geben, 1 Teelöffel Salz darüber streuen, mit Wasser knapp bedecken und zum Kochen bringen. Kartoffeln mit Deckel in etwa 15 Minuten gar kochen, abgießen. Dann sofort mit einer Kartoffelpresse oder einem Stampfer zerdrücken. Butter dazugeben.

2_ Milch erhitzen und mit einem Schneebesen oder Kochlöffel nach und nach unter die Kartoffelmasse rühren.

3_ Püree bei schwacher Hitze rühren, bis eine lockere Masse entsteht. Jetzt noch ein wenig Salz und Muskatnuss dazu. Und ganz wichtig: Die Kartoffeln nicht mit Mix- oder Pürierstab pürieren, sonst wird's zäh!

Enthält pro Portion: E: 6 g, F: 13 g, Kh: 32 g, kJ: 1169, kcal: 279

No.1
Heiß geliebt
048·049

>> *Eine Variante?* Schlagsahne statt Milch nehmen, dann aber auf die Butter verzichten. Oder die Butter durch 100 g durchwachsenen Speck ersetzen. Dafür den Speck würfeln, in einer Pfanne ausbraten und zum Schluss unter das Püree rühren.

>> *Noch eine Variante?* Kartoffelpüree mit Knoblauch und Kräutern. Dafür zusätzlich 1–2 Knoblauchzehen abziehen und hacken. Butter zerlassen, Knoblauch darin bei schwacher Hitze etwa 5 Minuten dünsten. Knoblauch und Butter mit 2 Esslöffeln gehackter Petersilie und 1 Esslöffel Schnittlauchröllchen zum Schluss unter das Püree rühren.

>> *Die dritte Variante:* Kartoffelpüree mit Käse. Dafür zum Schluss 4 Esslöffel geriebenen mittelalten Gouda oder Emmentaler unter das Püree rühren. Noch 1 Esslöffel gehackte Petersilie oder Kerbel drauf und fertig.

>> *Variante Nummer 4:* Kartoffelpüree mit Pesto (großes Foto). Dafür ein kleines Glas grünes oder rotes Pesto, so etwa 100 g, unter das fertige Kartoffelpüree ziehen. Schmeckt klasse zu Lammkoteletts.

>> *Und die letzte Variante:* Olivenpüree (kleines Foto). Dafür 50–75 ml gutes Olivenöl unterrühren. Ein kleines Gläschen mit etwa 100 g entsteinten grünen oder schwarzen Oliven abtropfen lassen, klein hacken und ebenfalls unterrühren. Mit etwas Pfeffer abschmecken. Köstlich zum Ratatouille von S. 76/77.

Kartoffelgratin
Die Knolle ist eine Scheibe.

\>\> Unter der Erdkruste, gar nicht tief, brodelt heiße Masse. Unter der Gratinkruste auch. So gesehen ist jedes Kartoffelgratin eine eigene Welt. Und man muss kein Forscher sein, um sie zu entdecken. Ein gesunder Appetit reicht vollkommen.

1 Knoblauchzehe
800 g fest kochende Kartoffeln
Salz, Pfeffer aus der Mühle
geriebene Muskatnuss
125 ml (⅛ l) Milch
125 ml (⅛ l) Schlagsahne
2 EL geriebener Parmesan

Dauert: **30 Minuten**
(ohne Garzeit)

1_ Knoblauch abziehen, durchschneiden und eine große, flache Auflaufform oder 2 kleine Formen damit ausreiben.

2_ Kartoffeln schälen, abspülen, trockentupfen und in dünne Scheiben schneiden. Die Scheiben schräg in die vorbereiteten Formen einschichten – so wie Dachziegel. Dann ordentlich mit Salz, Pfeffer und Muskatnuss bestreuen.

3_ Milch mit Sahne verrühren und über die Kartoffelscheiben gießen. Parmesan darüber streuen. Die Formen auf mittlerer Schiene in den vorgeheizten Backofen (Ober-/Unterhitze 180 °C, Heißluft 160 °C, Gas Stufe 2–3). In etwa 45 Minuten ist das Gratin schön goldbraun.

Enthält pro Portion: E: 7 g, F: 14 g, Kh: 26 g, kJ: 1109, kcal: 265

\>\> **Noch ein Tipp:** *Das Gratin passt perfekt zu saucenlosen Fleisch-, Fisch- oder Gemüsegerichten.*

\>\> **Eine Variante?** *Statt Milch und Sahne etwa 250 ml (¼ l) Gemüsebrühe nehmen. Mit 2 Esslöffeln Weißwein oder Crème fraîche verrühren und über die Kartoffelscheiben gießen. Mit Parmesan bestreuen und genau wie oben backen.*

\>\> **Noch eine Variante? Kartoffelgratin mit Champignons** *(Foto rechts). Dafür 150 g Kartoffeln durch dünne Champignonscheiben ersetzen. Champignon- und Kartoffelscheiben im Wechsel schichten.*

\>\> **Variante 3: Kartoffel-Möhren-Gratin** *(Foto links). Dafür 300 g Kartoffeln durch dünne Möhrenscheiben ersetzen. Möhren- und Kartoffelscheiben mit 1 Esslöffel Thymianblätter einschichten.*

No. 1
Heiß geliebt

Ofenkartoffeln

Eine Hand voll toll.

8 schöne, mittelgroße, mehlig
kochende Kartoffeln

Olivenöl, Salz

Für die Füllung:

2 Becher Schmand

oder Crème fraîche

Saft von ½ Zitrone

2 EL Schnittlauchröllchen

Salz, Pfeffer aus der Mühle

1 Prise Zucker oder etwas Honig

Dauert: **20 Minuten**

(ohne Backzeit)

1_ Kartoffeln gründlich waschen, abtrocknen und mehrfach mit einer Gabel einstechen, dann platzen sie nicht im Ofen. Mit Öl einpinseln und mit Salz bestreuen. Kartoffeln einzeln in Alufolie wickeln, die Enden gut fest-drücken. Nebeneinander aufs Blech und im vorgeheizten Backofen (Ober-/Unterhitze 200 °C, Heißluft 180 °C, Gas Stufe 3–4) je nach Größe 1–1 ½ Stunden garen.

2_ Jetzt Schmand oder Crème fraîche mit Zitronensaft und Schnittlauchröll-chen verrühren. Mit Salz, Pfeffer und Zucker oder Honig abschmecken.

3_ Gegarte Kartoffeln aus dem Ofen nehmen. Alufolie öffnen, durch seitlichen Druck an beiden Enden die Kartoffeln oben aufplatzen lassen und füllen. Servieren oder nach Lust und Laune variieren: Mit Räucherlachsstreifen, einem Klecks Forellenkaviar oder Shrimps oder Schnippelschinken.

Enthält pro Stück: E: 6 g, F: 12 g, Kh: 32 g, kJ: 1096, kcal: 262

>> ***Kleiner Tipp:*** *Die gute, alte Ofenkartoffel ist viel zu schade, um sie bloß als Beilage zu servieren. Herzhaft gefüllt ist sie eine tolle kleine Mahlzeit.*

No.1
Heiß geliebt
052·**053**

Kartoffelecken mit Kräutern und Cocktailtomaten

Die machen das Essen rund.

1,5 kg schöne, große, fest kochende
Kartoffeln

1 Stängel Rosmarin oder Thymian

1 EL grobes Meersalz

Pfeffer aus der Mühle

6 EL Olivenöl

200 g Cocktailtomaten

Dauert: **15 Minuten**

(ohne Backzeit)

1_ Kartoffeln gründlich waschen, abtrocknen. Längs halbieren und vierteln. Rosmarin oder Thymian abspülen, trockentupfen, Nadeln oder Blättchen abzupfen und zusammen mit den Kartoffeln, Meersalz, Pfeffer und 5 Ess-löffeln von dem Öl in einer Schüssel vermengen.

2_ Backblech mit Backpapier belegen. Kartoffeln darauf verteilen und ab in den vorgeheizten Backofen (Ober-/Unterhitze 200 °C, Heißluft 180 °C, Gas Stufe 3–4).

3_ Nach 15–20 Minuten die Cocktailtomaten mit dem restlichen Olivenöl beträufeln und zu den Kartoffeln. 15–20 Minuten weiterbacken, bis die Ecken goldgelb und knusprig sind.

Enthält pro Portion: E: 8 g, F: 13 g, Kh: 57 g, kJ: 1617, kcal: 385

Pesto-Spaghetti mit Schafskäse
In Genua werden Gaumen glücklich.

>> Vorsicht! Pesto ist eine ligurische Spezialität, die süchtig macht. Frisches Basilikum, feinwürziger Knoblauch, das Aroma des Olivenöls. Kristalline Parmesansüße. Ein Geschmack, den kann man nicht in Worte fassen – aber umso einfacher selber kochen. Und zwar so:

No.1
Heiß geliebt
054·055

Für die Pestonudeln:

400 g Spaghetti

3–4 Knoblauchzehen

2 Bund frisches Basilikum

1 gestr. TL Salz

150 ml Olivenöl

50 g Pinienkerne

75 g frisch geriebener Pecorino oder Parmesan

Für den Rest:

2 Möhren

1 Kohlrabi

2 Stangen Staudensellerie

1 kleine Stange Porree

1 EL Butter

Salz, Pfeffer aus der Mühle

400 g Schafskäse am Stück

1–2 EL Weizenmehl

2–3 EL Olivenöl

Parmesan

Dauert: 40 Minuten

1_ Spaghetti in reichlich Salzwasser schön al dente kochen. Wie lange, steht auf der Packung. Abgießen, mit heißem Wasser abspülen, abtropfen lassen. Für das Pesto in der Zwischenzeit Knoblauch abziehen, Basilikum abspülen, trockentupfen. Blättchen von den Stängeln zupfen und mit Salz, Öl und Pinienkernen mit einem Pürierstab so lange mixen, bis eine cremige Masse entsteht. Dann den Käse drunter mischen.

2_ Möhren putzen, schälen und schräg in dicke Scheiben schneiden. Kohlrabi schälen, vierteln und in Stücke schneiden. Staudensellerie und Porree waschen, putzen, in schräge Stücke schneiden. Butter in einem Topf erhitzen und das geschnittene Gemüse darin andünsten. Mit Salz und Pfeffer würzen, 2–3 Esslöffel Wasser dazu. Zugedeckt bissfest garen.

3_ In der Zwischenzeit den Schafskäse in 4 gleich große Stücke schneiden und in Mehl wenden. Öl in die heiße Pfanne geben und die Schafskäsestücke braten, bis beide Seiten eine knusprige Haut haben.

4_ Das Pesto in einem Topf erwärmen, Spaghetti rein und alles vorsichtig vermengen. Nudeln mit einer Fleischgabel aufdrehen und auf Tellern anrichten. Den Schafskäse an die Pestonudeln legen und das bunte Gemüse dazu. Mit frisch geriebenem Parmesankäse bestreuen. Genießen Sie's!

Enthält pro Portion: E: 42 g, F: 79 g, Kh: 78 g, kJ: 4994, kcal: 1193

>> **Der Dreh mit den Spaghetti:** *Mit einer Fleischgabel reinstechen. Die Gabel dabei drehen und langsam auf und ab bewegen, so dass sich immer mehr Nudeln aufs Knäuel wickeln. Übrigens: Wenn's mal schnell gehen soll, Gemüse und Schafskäse einfach weglassen und die Nudeln nur mit Pesto zubereiten.*

Käsespätzle

Der, wo oi Schwob isch, kennet koi Hunger.

>> Das Ländle und Hochdeutsch, zwei Welten prallen ungebremst aufeinander. Doch beim Essen versteht man sich sofort, auch ohne Worte.

250 g getrocknete Spätzle

1 Zwiebel

20 g Butter

200 g geriebener Käse,

z. B. Emmentaler

Salz, Pfeffer aus der Mühle

frisch geriebene Muskatnuss

etwas Schnittlauch

oder Frühlingszwiebeln

1 kleine Dose Röstzwiebeln,

etwa 100 g

Dauert: **30 Minuten**

1_ Spätzle nach Packungsanleitung kochen, abgießen, heiß abspülen und in einem Sieb abtropfen lassen.

2_ Zwiebel abziehen, fein würfeln und mit der Butter in einer beschichteten Pfanne goldgelb anbraten.

3_ Spätzle dazu, vorsichtig mit den Zwiebeln vermischen und kurz mitbraten. Einen Spritzer Wasser in die Pfanne, dann Käse und Spätzle vermischen. Mit Salz, Pfeffer und Muskatnuss abschmecken.

4_ Schnittlauch oder Frühlingszwiebeln abspülen, abtropfen lassen, in feine Ringe schneiden. Käsespätzle anrichten, mit gerösteten Zwiebeln und Lauchröllchen bestreuen. Hmmm!

Enthält pro Portion: E: 21 g, F: 30 g, Kh: 54 g, kJ: 2412, kcal: 575

>> *Kleiner Tipp: Lecker schmecken die Käsespätzle auch, wenn man zusammen mit den Zwiebeln rohe Schinkenstreifen anbrät.*

No.1
Heiß geliebt

Reibekuchen
Hier ist Fingerspitzengefühl gefragt.

1 kg fest kochende Kartoffeln

1 Zwiebel

3 Eier

1 gestr. TL Salz

40 g Weizenmehl

100 ml Speiseöl

Dauert: **45 Minuten**

No. 1
Heiß geliebt
060·061

1_ Kartoffeln schälen und abspülen. Zwiebel abziehen. Kartoffeln und Zwiebel auf der Küchenreibe grob reiben. Eier, Salz und Mehl dazu und in einer Schüssel verrühren.

2_ Etwas Öl in einer Pfanne erhitzen. Den Teig portionsweise mit einer Saucenkelle oder einem Esslöffel reingießen. Sofort flach drücken und bei mittlerer Hitze von beiden Seiten braten, bis der Rand knusprig braun ist.

3_ Die fertigen Reibekuchen aus der Pfanne nehmen, überschüssiges Fett mit Küchenpapier abtupfen. Die Reibekuchen jetzt fix servieren oder warm stellen. Den restlichen Teig auf die gleiche Weise braten.

Enthält pro Portion: E: 11 g, F: 25 g, Kh: 38 g, kJ: 1752, kcal: 418

>> **Noch ein Tipp:** *Wenn Sie die Hälfte des Mehls durch 2–3 Esslöffel Haferflocken ersetzen, werden die Reibekuchen noch knuspriger. Und übrigens: mit Apfelkompott (kleines Foto) und Blattsalat mit einer Vinaigrette von S. 148/149 schmeckt's noch besser.*

>> **Eine Variante:** *Reibekuchen mit süßem Quark (kleines Foto). Dafür 250 g Magerquark mit 125 ml (1/8 l) Milch oder Sahne und 40 g Zucker verrühren. 1 Päckchen Bourbon-Vanille-Zucker oder etwas geriebene Zitronenschale unterrühren.*

>> **Noch eine Variante:** *Reibekuchen mit Schnippelschinken (großes Foto). Dafür zusätzlich 50 g feine Schinkenstreifen (z. B. Parmaschinken) und 1–2 Teelöffel getrockneten, gerebelten Majoran unter den Teig mischen. Oder die Schinkenstreifen mit Crème fraîche oder Schmand zu den Reibekuchen servieren.*

>> **Und noch eine:** *Reibekuchen mit Räucherlachs (großes Foto). Dafür 1 Becher Schmand mit 2–3 Teelöffeln Sahne-Meerrettich verrühren. Wer mag, 1 Esslöffel frischen gehackten Dill unterrühren und sich die Reibekuchen mit etwa 150 g Räucherlachs in Scheiben und Meerrettichcreme schmecken lassen.*

>> **Variante 4:** *Für Tomate-Mozzarella-Puffer die fertig gebratenen Reibekuchen auf ein mit Backpapier belegtes Backblech legen, mit 1–2 Tomatenscheiben und je 1 Scheibe Mozzarella belegen, mit Pfeffer bestreuen und überbacken, bis der Käse zerläuft (Ober-/Unterhitze 220 °C, Heißluft 200 °C, Gas Stufe 4–5), bis der Käse zerläuft. Mit Basilikumblättchen bestreut servieren.*

Cannelloni mit Lachs oder mit Spinat-Ricotta

Gucken Sie mal in die Röhre.

Für 2 Personen

Für jede Füllung:

4 Lasagneplatten

1 Knoblauchzehe

250 g passierte Tomaten

aus Tetrapack oder Dose

Salz, Pfeffer aus der Mühle

100 g frisch geriebener Parmesan

oder Pizzakäse

Für die Lachs-Füllung:

500 g Lachsfilet ohne Haut und Gräten

Saft von einer halben Zitrone

1 kleines Bund Basilikum

oder:

Für die Spinat-Ricotta-Füllung:

½ Pck. (225 g) TK-Blattspinat

1 kleiner Becher (200 g) Ricotta

1 Eigelb

50 g frisch geriebener Parmesan

geriebene Muskatnuss

Außerdem:

etwas Olivenöl zum Ausfetten der

Auflaufform

100 g frisch geriebener Parmesan

oder Pizzakäse

Dauert: 20 Minuten

(ohne Auftau- und Garzeit)

1_ Lasagneplatten nach Packungsanleitung in reichlich Salzwasser mit 1 Teelöffel Öl al dente kochen, abgießen und quer halbieren. In der Zwischenzeit den Knoblauch abziehen, fein hacken, mit den passierten Tomaten vermengen und die Sauce mit Salz und Pfeffer abschmecken.

2_ Für die Lachsfüllung das Lachsfilet kalt abspülen, trockentupfen und in 8 etwa 2 cm dicke Stücke schneiden. Mit Salz, Pfeffer und Zitronensaft würzen. Basilikum abspülen, trockentupfen und die Blättchen von den Stängeln zupfen. Jeweils ein Lachsstück und 1–2 Basilikumblättchen in ein halbiertes Nudelblatt einwickeln und in eine gefettete Auflaufform legen.

3_ Oder für die Spinat-Ricotta-Füllung den Blattspinat auftauen, gut ausdrücken und grob hacken. Spinat mit Ricotta, Eigelb und Parmesankäse vermengen und mit Salz, Pfeffer und etwas Muskatnuss abschmecken. Jeweils 2 Esslöffel Ricotta-Spinat-Mischung in 1 halbiertes Nudelblatt einwickeln und in die gefettete Auflaufform legen.

4_ Abgeschmeckte Tomatensauce über die Röllchen gießen, mit dem Parmesan oder Pizzakäse bestreuen und im vorgeheizten Ofen auf der mittleren Schiene 15–20 Minuten goldbraun garen (Ober-/Unterhitze 200 °C, Heißluft 180 °C, Gas Stufe 3–4).

5_ Zusätzlich nach Belieben frisch geriebenen Parmesan getrennt dazu reichen.

Enthält pro Portion:
mit Lachs: E: 67 g, F: 36 g, Kh: 23 g, kJ: 2905, kcal: 694
mit Spinat und Ricotta: E: 43 g, F: 48 g, Kh: 24 g, kJ: 2944, kcal: 703

>> **Kleiner Tipp:** *Wer Lust hat, kann die Tomatensauce zusätzlich mit frisch gehackten Kräutern wie Thymian oder Petersilie aufpeppen.*

>> **Noch ein Tipp:** *Das Rezept lässt sich für 4 Personen ganz einfach verdoppeln.*

No.1
Heiß geliebt

Spaghetti mit Gemüse-Bolognese

Bolognese gibt es überall. Aber nicht vegetarisch.

No.1
Heiß geliebt
064·065

1 kleine Zwiebel

1 Knoblauchzehe

1 mittelgroße Möhre

1 Stange Staudensellerie

2 Zucchini

2 Tomaten

6 EL Olivenöl

100 ml Rotwein

200 g passierte Tomaten aus
dem Tetrapack

1 geh. TL gehackter oder gerebel-
ter Majoran oder Oregano

500 g Spaghetti

Salz, Pfeffer aus der Mühle

50 g frisch geriebener Parmesan

Dauert: **40 Minuten**

1_ Zwiebel und Knoblauch abziehen und in fein würfeln. Möhre putzen und schälen, Sellerie putzen, beides auch sehr fein würfeln. Zucchini und Tomaten waschen, Enden der Zucchini abschneiden und Zucchini in sehr feine Würfel schneiden. Tomaten vierteln, Stängelansätze raus, entkernen und ebenfalls in sehr feine Würfel schneiden.

2_ Zwiebel- und Knoblauchwürfel in einer Pfanne mit Öl bei mittlerer Hitze glasig dünsten. Möhren- und Selleriewürfel dazu und 3–4 Minuten mitdünsten. Jetzt Zucchini- und Tomatenwürfel kurz mitdünsten und den Rotwein in die Pfanne. Passierte Tomaten und frisch gehackte Kräuter dazu und alles bei schwacher Hitze 15 Minuten köcheln, bis das Gemüse weich ist.

3_ In der Zwischenzeit die Spaghetti in reichlich Salzwasser nach Packungsanleitung al dente kochen, abgießen, heiß abspülen und abtropfen lassen. Fertige Sauce mit Salz und Pfeffer abschmecken und mit den Nudeln auf tiefen Tellern oder in einer Schüssel anrichten. Noch etwas frisch geriebenen Parmesan drauf und mit Majoran- oder Oreganoblättchen garnieren.

Enthält pro Portion: E: 22 g, F: 23 g, Kh: 92 g, kJ: 2884, kcal: 688

>> **Die klassische Variante: Spaghetti Bolognese.** *Dafür 1 Zwiebel und 1 Knoblauchzehe abziehen. 2 Möhren und 100 g Knollensellerie putzen und schälen. Die Zutaten fein würfeln. 2 Esslöffel Öl in einem Topf erhitzen. Die Gemüsewürfel bei mittlerer Hitze andünsten. 250 g Rindergehacktes dazu, anbraten, dabei umrühren und Klümpchen mit einer Gabel zerdrücken. 800 g Tomaten aus der Dose etwas zerkleinern, mit dem Saft und mit 2 Esslöffeln Tomatenmark in den Topf. Alles ordentlich mit Oregano, Salz und Pfeffer würzen. Die Sauce zum Kochen bringen und bei schwacher Hitze etwa 15 Minuten ohne Deckel leicht kochen lassen. Ab und zu umrühren. Mit Rotwein, Salz und Pfeffer abschmecken.*

Kartoffel-Tortilla
Wer kriegt das größte Stück?

>> Niemand kann alles. Außer vielleicht Kartoffeln. Die sind wirklich universell und einfach für alles zu haben. Erst recht für diese Tortilla.

750 g Kartoffeln

1 kleine Zwiebel

2–3 Knoblauchzehen

5 Stängel Petersilie

3 EL Olivenöl

Salz, Pfeffer aus der Mühle

4 Eier

250 g Quark mit 40% Fett

1 Paprikaschote

Dauert: 45 Minuten

1_ Kartoffeln schälen, abspülen und in kleine Würfel schneiden. Zwiebel und die Knoblauchzehen abziehen, Zwiebel fein hacken, Knoblauch durch die Knoblauchpresse drücken. Petersilienstängel abspülen, Blättchen abzupfen und fein hacken.

2_ Olivenöl in einer großen ofengeeigneten Pfanne erhitzen und die Kartoffeln rundherum anbraten. Die Zwiebelwürfel und den zerdrückten Knoblauch dazu, kurz mitbraten, dann zugedeckt etwa 10 Minuten garen. Ab und zu wenden. Salzen, pfeffern und die Petersilie bis auf einen kleinen Rest untermischen. Jetzt runter mit dem Deckel und alles abkühlen lassen.

3_ Eiweiß und Eigelb der Eier trennen. Den Quark mit dem Eigelb ordentlich verrühren. Das Eiweiß halb steif schlagen und unter die Eigelb-Quark-Masse heben. Paprikaschote halbieren, putzen, in kleine Stücke schneiden und zu den Kartoffeln.

4_ Den Backofen vorheizen (Ober-/Unterhitze 220 °C, Heißluft 200 °C, Gas Stufe 4–5). Den Rost in die Mitte einschieben. Die Quarkmasse über Kartoffeln und Paprika in der Pfanne verteilen. Das Ganze jetzt 10–15 Minuten bei mittlerer Hitze auf dem Herd braten, bis die Ränder leicht zu stocken beginnen. Dann ab in den Ofen und 10 Minuten backen. Fertig? Dann die Tortilla herausnehmen und mit der restlichen Petersilie bestreuen.

Enthält pro Portion: E: 17 g, F: 21 g, Kh: 26 g, kJ: 1545, kcal: 369

>> ***Ein Tipp noch:*** *Wer keine ofengeeignete Pfanne hat, gibt die Kartoffeln nach dem Anbraten einfach in eine gebutterte ofengeeignete Gratinform. Dazu passt ein knackiger Ruccola-Salat.*

No. 1
Heiß geliebt
066·**067**

Grünzeug

So lässt sich's leben.

No.1
Grünzeug
068·**069**

>> Stehen Ihnen die Sinne nach etwas Retinol, ein paar Tocopherolen oder Riboflavin? Immer das Gleiche: Die Vitamine A, E, B_2 und all die anderen stehen zwar im Ruf, sehr gesund, aber nicht unbedingt spannend zu sein.

Der Kopf sagt ja, aber der Bauch will doch lieber was Deftiges. Schluss mit dem Entweder-oder! Gesund und lecker sind nämlich längst keine Widersprüche mehr. Oder kennen Sie etwa das Frühlingsgratin und all die anderen gesunden Leckereien auf den nächsten Seiten noch nicht!?

Caesar's Salat

Das Imperium lebt. Von Salat.

1 Portion Caesar-Dressing (s. u.)

1 Eisbergsalat

etwas Dekosalat wie Radiccio,

Chicorée

4 Hähnchenbrustfilets

Salz, Pfeffer aus der Mühle

Speiseöl zum Anbraten

100 g frisch geriebener Parmesan

1 Hand voll fertige Croûtons

oder

Speiseöl zum Anbraten

4 x 100 g Schafskäse

etwas Weizenmehl

Dauert: **30 Minuten**

1_ Caesar-Dressing anrühren. Eisberg- und Dekosalat putzen, in mundgerechte Stücke zupfen, waschen und abtropfen lassen.

2_ Hähnchenbrust kalt abspülen, trockentupfen, salzen, pfeffern und in einer Pfanne mit etwas Öl von beiden Seiten kräftig anbraten. Dann 8–10 Minuten bei mittlerer Hitze fertig braten, dabei wenden.

3_ Hähnchenbrust aus der Pfanne nehmen und zugedeckt ruhen lassen. Dekosalat auf 4 Tellern oder einer Platte verteilen, Eisbergsalat mit dem Dressing gut vermischen, darauf geben, mit frisch geriebenem Parmesan und Croûtons bestreuen.

4_ Wer lieber Schafskäse mag, erhitzt die Pfanne mit etwas Öl, wendet Schafskäsescheiben in Mehl und brät sie, bis beide Seiten eine knusprige Haut haben. Gebratene Hähnchenbrust oder Schafskäse evtl. schräg halbieren und auf den Salat legen.

Enthält pro Portion (mit Schafskäse): E: 30 g, F: 71 g, Kh: 13 g, kJ: 3363, kcal: 803
(mit Hähnchenbrustfilet): E: 48 g, F: 52 g, Kh: 11 g, kJ: 2958, kcal: 707

>> **Und noch ein Tipp:** *Frisches Baguette dazu ist Pflicht.*

No.1
Grünzeug
070·071

Caesar-Dressing

Herrscher über guten Geschmack.

Für 1 Salat:

250 g Salatmayonnaise

50 ml Sahne, 50 ml Milch

1 Knoblauchzehe

1–2 EL frisch geriebener Parmesan

1 EL Weißweinessig

Salz, frisch gemahlener Pfeffer

Dauert: **10 Minuten**

1_ Mayonnaise mit Sahne und Milch in einen hohen Rührbecher geben. Knoblauch abziehen.

2_ Knoblauch, Parmesan, Essig, Salz und Pfeffer dazu. Zutaten mit einem Mixstab pürieren. Dressing mit Salz und Pfeffer abschmecken, das war's schon!

Enthält insgesamt: E: 11 g, F: 155 g, Kh: 17 g, kJ: 6260, kcal: 1496

Frühlingsgratin
Und der Ofen blüht auf.

1,5 kg gemischtes Gemüse wie Kohlrabi, Möhren, Brokkoli, Blumenkohl, grüner und weißer Spargel

1 Knoblauchzehe

200 ml Schlagsahne

2 Eier

Salz, Pfeffer aus der Mühle

geriebene Muskatnuss

100 g geriebener Emmentaler

50 g geriebener Parmesan

1 EL gehackte Petersilie

Dauert: **30 Minuten**
(ohne Garzeit)

1_ Kohlrabi und Möhren putzen, schälen, waschen, Kohlrabi in Scheiben, Möhren in Stücke schneiden. Brokkoli und Blumenkohl putzen und in kleine Röschen teilen. Spargel schälen und untere Enden abschneiden (grünen Spargel nur im unteren Drittel schälen). Spargel in Stücke schneiden.

2_ Gemüse 2–3 Minuten in Salzwasser kochen, auf ein Küchensieb, abtropfen lassen. Dann in eine große, gefettete Auflaufform.

3_ Knoblauch abziehen, durch eine Knoblauchpresse drücken oder fein hacken. Mit Sahne und Eiern verquirlen, mit Salz, Pfeffer und Muskatnuss abschmecken und über das Gemüse gießen. Emmentaler und Parmesan drüber streuen.

4_ Das Gratin im vorgeheizten Backofen 20–30 Minuten garen lassen (Ober-/Unterhitze: 190 °C, Heißluft: 170 °C, Gas: Stufe 3). Mit frisch gehackter Petersilie bestreuen.

Enthält pro Portion: E: 19 g, F: 32 g, Kh: 8 g, kJ: 1676, kcal: 401

>> **Noch ein Tipp:** *Je nach Jahreszeit kann man auch andere Gemüsesorten nehmen.*

No.1
Grünzeug
072·**073**

Mamas Kartoffelsalat

So schmeckt's nur zu Hause.

>> Wer beim Hotel Mama auscheckt, hat vielleicht die erste eigene Wohnung vor sich. Lässt aber eine Kochkunst zurück, die kein Restaurant der Welt bieten kann. Wenn dann das Heimweh kommt, trösten Sie sich einfach so:

1 kg fest kochende Kartoffeln

1 Zwiebel

1 kleines Bund Frühlingszwiebeln

1 Bund Radieschen

1 kleines Glas Cornichons, die

kleinen Gewürzgürkchen

Für die Sauce:

6 EL Salatmayonnaise

2 TL mittelscharfer Senf

300 g Crème fraîche

Salz, Pfeffer aus der Mühle

Zucker oder Honig

Gurkenwasser

Dauert: **50 Minuten**

(ohne Kühlzeit)

1_ Kartoffeln waschen, in Salzwasser zum Kochen bringen, in 25–30 Minuten gar kochen. Abgießen, abkühlen lassen, pellen und in Scheiben schneiden. Zwiebel abziehen und fein würfeln. Frühlingszwiebeln putzen, waschen und in Ringe schneiden. Radieschen waschen, putzen und vierteln. Gurken in Scheiben schneiden (etwas Gurkenwasser aus dem Glas zurückbehalten).

2_ Für die Sauce Mayonnaise mit Senf und Crème fraîche verrühren. Mit Salz, Pfeffer und Zucker oder Honig würzen. Alles mit der Sauce mischen und den Salat 30 Minuten kalt stellen. Vor dem Servieren den Salat nochmal mit Salz, Pfeffer, Zucker oder Honig und Gurkenwasser abschmecken.

Enthält pro Portion: E: 8 g, F: 39 g, Kh: 46 g, kJ: 2393, kcal: 573

>> **Und übrigens:** *Einen Teil der angegebenen Kartoffelmenge kann man durch andere Sorten wie violette Kartoffeln, Süßkartoffeln oder Topinambur – die sehen aus wie kleine Michelinmännchen – ersetzen.*

>> **Der Salat wird leichter,** *wenn Crème fraîche durch Joghurt ersetzt wird.*

>> **Eine Variante? Kartoffelsalat mit Pesto** *wie auf dem kleinen Foto. Dafür 1 kg kleine neue Kartoffeln gar kochen, ungepellt halbieren. 200 g getrocknete, eingelegte Tomaten aus dem Glas abtropfen lassen. Mit 100 g grünem Pesto und dem Saft von 1–2 Zitronen in eine Schüssel geben. Gut vermengen. Salat mit Salz, Pfeffer und etwas Olivenöl abschmecken und 1 Stunde zugedeckt durchziehen lassen, nicht kalt stellen. Übrigens: Der Pesto-Kartoffelsalat schmeckt genial zu gebratenen Mittelmeerfischen.*

No. 1
Grünzeug

Ratatouille

Besuch aus der Provence.

>> Ratatouille ist französisch und bedeutet übersetzt so viel wie herrlich würzige Multivitaminmahlzeit – oder so ähnlich. Jedenfalls ist sie voller guter Gemüse und kein Kind von Traurigkeit, denn mit ihr werden auch Fleisch und Fisch was Besonderes. Ein Baguette dazu, ein Glas Rotwein noch und die Welt ist in Ordnung.

1 Gemüsezwiebel

2 Knoblauchzehen

je 1 rote, gelbe und grüne Paprikaschote

1 Aubergine

2 Zucchini

1 kleiner Stängel Rosmarin

1 kleines Bund Thymian

4 EL Olivenöl

Salz, Pfeffer aus der Mühle

1 Dose geschälte Tomaten (Einwaage 800 g)

Dauert: **40 Minuten**

1_ Zwiebel und Knoblauch abziehen und fein würfeln. Paprikaschoten halbieren, entstielen, entkernen, die weißen Scheidewände raus, Schoten waschen und in Würfel schneiden.

2_ Aubergine und Zucchini waschen, die Enden abschneiden, beide in kleine Würfel schneiden. Rosmarin und Thymian abspülen, trockentupfen, Nadeln und Blätter von den Stängeln zupfen und grob hacken.

3_ Etwas von dem Olivenöl in einem breiten Topf oder einer Pfanne erhitzen, Auberginen- und Zucchiniwürfel getrennt anbraten, mit Salz und Pfeffer würzen und beiseite stellen. Restliches Öl in die Pfanne geben, Zwiebel und Paprika andünsten, mit Salz und Pfeffer würzen. Knoblauch dazu und mitdünsten.

4_ Tomatendose öffnen, etwas Sud ins Gemüse, Rest mit einem Mixstab pürieren und unterrühren. Bei schwacher Hitze 10–15 Minuten weiterköcheln. Hin und wieder umrühren.

5_ Ist die Sauce etwas eingekocht und leicht dick, gehackte Kräuter und angebratene Auberginen- und Zucchiniwürfel dazu. Vorsichtig vermengen, salzen und pfeffern.

Enthält pro Portion: E: 6 g, F: 11 g, Kh: 14 g, kJ: 805, kcal: 191

>> **Ein leckerer Tipp:** *Kalt stellen und zu kaltem Braten oder Fisch genießen. Grob gehackt auf gerösteten Baguettescheiben, als kleiner Appetizer. Oder in flachen Portionsförmchen mit Schafs- oder Ziegenkäse überbacken.*

Rucola-Salat

Wählen Sie grün.

1 Schale oder 2 Bund Rucola

2 Tomaten, wer mag

3–4 EL Balsamico-Essig

1 EL flüssiger Honig

Salz, Pfeffer aus der Mühle

6 EL Olivenöl

12 Scheiben Parma- oder Serano-

schinken

100 g Parmesan am Stück

Dauert: **20 Minuten**

1_ Rucola waschen, gut abtropfen lassen. Tomaten waschen, vierteln, entkernen und würfeln. Essig mit Honig, Salz und Pfeffer verrühren und Öl unterschlagen. Den Rucola auf Tellern oder einer Platte anrichten und mit Salatsauce beträufeln.

2_ Schinken auf den Salat legen, Parmesan mit einem Kartoffelschäler drüber hobeln, Tomatenwürfel drauf. Noch zwei, drei Umdrehungen aus der Pfeffermühle und fertig!

Enthält pro Portion: E: 16 g, F: 25 g, Kh: 6 g, kJ: 1316, kcal: 314

>> **Knuspriger Tipp:** *Dazu frisches Baguette servieren.*

>> **Variante: Rucola-Salat mit Hähnchenbruststreifen.** *Dafür 400 g Hähnchenbrustfilet kalt abwaschen, trockentupfen und in dünne Streifen schneiden. 1 Esslöffel Balsamico-Essig mit 1 Esslöffel flüssigem Honig, Salz und Pfeffer verrühren und mit den Geflügelstreifen vermischen. 2 Esslöffel Pinienkerne in einer Pfanne ohne Fett bei mittlerer Hitze leicht bräunen und aus der Pfanne nehmen. Dann 2 Esslöffel Olivenöl in der Pfanne erhitzen und die marinierten Hähnchenbruststreifen darin 3–4 Minuten braten, gelegentlich wenden. Den Salat wie im Rezept beschrieben zubereiten, aber den Schinken weglassen. Geflügelstreifen und Pinienkerne auf dem Salat verteilen und das Essen kann beginnen.*

No.1
Grünzeug

Salat mit gebackenen Austernpilzen
Schmecken wie Fleisch. Machen aber nicht muh!

250 g gemischter Salat, z. B. Eichblatt, Lollo Rosso, Friseé, Feldsalat, Radicchio

6 EL Olivenöl

3–4 EL Sherry-Essig

1 EL flüssiger Honig

Salz, Pfeffer aus der Mühle

Für die Pilze:

500 g Austernpilze

8 EL Olivenöl

8 EL Balsamico-Essig

1 EL flüssiger Honig

Dauert: **30 Minuten**

1_ Blattsalate putzen, waschen, abtropfen lassen. Öl mit Essig, Honig, Salz und Pfeffer verrühren.

2_ Austernpilze abreiben, harte Stiele abschneiden und Pilze zerteilen. Ein Blech mit Backpapier belegen, Pilze darauf verteilen. Salzen und pfeffern und mit Olivenöl beträufeln.

3_ Austernpilze für etwa 10 Minuten in den vorgeheizten Backofen (Ober-/Unterhitze 250 °C, Heißluft 230 °C, Gas Stufe 6). Sie sollten dann an manchen Stellen knusprig sein.

4_ Backblech rausnehmen, Pilze mit Balsamico-Essig beträufeln und mit ein paar Fäden Honig überziehen.

5_ Salat mit der Sauce mischen, auf Tellern oder einer Platte anrichten, Austernpilze drauf und sofort genießen.

Enthält pro Portion: E: 4 g, F: 27 g, Kh: 8 g, kJ: 1239, kcal: 296

>> **Noch besser schmeckt's so:** Den Salat mit Cocktailtomatenhälften aufwerten, Croûtons drüber. Oder warmen Ziegenkäse dazu – der kann auf einer Baguettescheibe mit der Resthitze im Backofen erwärmt werden. Unverzichtbar: knuspriges Baguette.

No.1
Grünzeug
080·081

Sommersalat mit Hähnchenbruststreifen

Was war zuerst da: Das Huhn oder der Salat?

No. 1
Grünzeug
082·083

>> Frühlingsgefühle gibt's das ganze Jahr. Mit jeder Menge knackfrischen Vitaminen und zartem Hähnchen. Lecker und leicht. Das gilt nicht nur für die Nähwerte. Denn so ein Sommersalat ist wirklich einfach und fix gemacht.

1 kleiner Kopf Lollo Rosso
1 kleiner Kopf Lollo Bionda
1 Hand voll Feldsalat
2 Frühlingszwiebeln
je ½ rote und gelbe Paprikaschote
2 Hähnchenbrustfilets (je 150 g)
4 EL Speiseöl
40 g Kräuterbutter
(z. B. von S. 146/147)
Salz, Pfeffer aus der Mühle
50 ml Hühnerbrühe
3 EL Weißweinessig

Dauert: **25 Minuten**

1_ Die Salate putzen, in mundgerechte Stücke zupfen und gründlich waschen, abtropfen lassen. Frühlingszwiebeln putzen und in schräge Ringe schneiden. Paprikahälften putzen, waschen und in Streifen schneiden. Die Hähnchenbrustfilets gründlich waschen, trockentupfen und quer zur Fleischfaser in dünne Scheiben schneiden, so dick wie die Paprika- und Frühlingszwiebelstreifen.

2_ Etwas von dem Öl in einer Pfanne erhitzen. Die Hähnchenbruststreifen kurz anbraten, Frühlingszwiebeln, Paprika und Kräuterbutter dazu. 2–3 Minuten dünsten und aus der Pfanne nehmen. Erst jetzt mit Salz und Pfeffer aus der Mühle würzen und warm stellen.

3_ Für die Sauce den Bratensatz mit Brühe ablöschen und mit Weinessig, Salz und Pfeffer würzen. Dann das restliche Öl drunter schlagen. Den Salat zusammen mit den Hähnchenbruststreifen auf einer Platte oder in einer Salatschüssel anrichten und mit lauwarmer Sauce beträufeln.

Enthält pro Portion: E: 20 g, F: 19 g, Kh: 4 g, kJ: 1158, kcal: 277

Löffelliebe

Aus der Tiefe des Tellers.

No.1
Löffelliebe
084·**085**

>> Kein Umweg übers Beißen. Keine Ablenkung durchs Kauen. Sondern einfach direkt lecker: das sind Suppen, ob dick oder dünn, klar oder sämig. Intensive Geschmacksmomente, die man gerne auslöffelt.

Chili sin Carne
Der Zungenbrenner ohne Fleisch

>> Wo der Name Chili auftaucht, gehen die Geschmacksnerven in Deckung. Denn was ein anständiger südamerikanischer Eintopf ist, der kennt keine Gnade. Aber eine Alternative ohne Fleisch:

1 Gemüsezwiebel

2 Knoblauchzehen

1 dicke Möhre

je 1 rote, gelbe und grüne

Paprikaschote

1 kleine Aubergine

1 Zucchini

2–3 EL Olivenöl

1 Dose geschälte Tomaten

(Einwaage 800 g)

2 kleine Dosen Kidney-Bohnen

(Abtropfgewicht je 250 g)

1 kleiner Stängel Rosmarin

1 kleines Bund Thymian

Salz, Pfeffer aus der Mühle

Dauert: **60 Minuten**

1_ Gemüsezwiebel und Knoblauch abziehen und in klein würfeln. Möhre putzen und schälen. Paprikaschote halbieren, entstielen, entkernen, die Scheidewände raus und Schoten waschen. Aubergine und Zucchini waschen und Enden abschneiden. Alles, was bis jetzt geschält, geputzt und gewaschen wurde, in kleine Würfel schneiden.

2_ Zuerst Zwiebel- und Möhrenwürfel in einem Topf bei nicht zu starker Hitze in Olivenöl leicht anbraten. Dann Paprika, Knoblauch und danach Aubergine und Zucchini mitdünsten.

3_ Die Schältomaten mit Saft pürieren und zusammen mit den abgetropften Kidney-Bohnen in den Topf. Alles zum Kochen bringen und bei schwacher Hitze zugedeckt 30–40 Minuten köcheln lassen. Ab und zu umrühren.

4_ Rosmarin und Thymian abspülen, trockentupfen, Nadeln und Blätter von den Stängeln zupfen und hacken. 10 Minuten vor Ende der Garzeit die Kräuter dazu, fertig kochen lassen und mit Salz und ordentlich Pfeffer abschmecken.

Enthält pro Portion: E: 13 g, F: 8 g, Kh: 25 g, kJ: 980, kcal: 234

>> **Kleiner Tipp:** *Scharf machen geht auch – mit einer entstielten, gewürfelten Chilischote oder ein paar Spritzern Tabasco. Eine Nacht ziehen lassen und das Chili schmeckt doppelt so gut. Mit Nudeln essen oder Kartoffelwürfel ins Chili geben. Oder einfach Fladenbrot dazu. Ein kleiner Klecks Schmand auf dem heißen Chili versöhnt die Zunge wieder.*

>> **Variante: Chili con Carne.** *Dafür alles wie oben vorbereiten, dann aber mit den Zwiebel- und Möhrenwürfeln 300 g Rindergehacktes (oder Gehacktes halb und halb) anbraten, gut mit Chilipulver würzen.*

No.1
Löffelliebe
086·**087**

Kräutersuppe

Alles Gute aus dem Garten.

je 1 kleines Bund Rucola, Kerbel, Basilikum und Petersilie

1 Kästchen Kresse

1 Zwiebel, 1 EL Butter

Salz, Pfeffer aus der Mühle

400 ml Gemüsebrühe

125 ml (⅛ l) Sahne

oder 125 g Crème fraîche

geriebene Muskatnuss

Dauert: **40 Minuten**

1_ Rucola und Kräuter waschen und trockentupfen. Kerbel-, Basilikum- und Petersilienblätter von den Stängeln zupfen, Kerbel- und Petersilienstängel hacken. Die holzigen Basilikumstängel nicht. Kresse mit einer Schere abschneiden, bis auf einen Rest zum Garnieren. Zwiebel abziehen und in Würfel schneiden.

2_ Butter im Topf zerlassen, gehackte Stängel und Zwiebel andünsten, salzen und pfeffern. Mit Brühe aufgießen. Dann etwa 15 Minuten köcheln lassen.

3_ Abgezupfte Kräuter schön klein hacken, Rucola in Streifen schneiden. Sahne oder Crème fraîche, Kräuter, Kresse und Rucola in die Suppe geben. Kräftig mit dem Mixstab pürieren. Kurz erwärmen, aber nicht mehr kochen.

4_ Die Suppe mit Salz, Pfeffer und Muskatnuss abschmecken. In Suppentassen oder -tellern servieren und mit der restlichen Kresse garnieren.

Enthält pro Portion: E: 2 g, F: 14 g, Kh: 3 g, kJ: 607, kcal: 146

No.1
Löffelliebe
088·089

Möhren-Ingwer-Suppe mit Riesengarnelen

Mit Finderlohn in jedem Teller.

500 g Möhren, 1 Zwiebel

1 walnussgroßes Stück Ingwer

50 g Butter, 1 Prise Zucker

80 ml Orangensaft

800 ml Gemüsebrühe

Salz, Pfeffer aus der Mühle

4 Riesengarnelen (frisch oder TK)

1 EL Speiseöl, 2 EL Zitronensaft

etwas süß-scharfe Chilisauce

100 g Crème fraîche

Dauert: **45 Minuten**

1_ Möhren putzen und schälen, Zwiebel abziehen, beides in grobe Würfel schneiden. Ingwer schälen und fein schneiden. Butter in einen Topf geben und die Gemüsewürfel und den Ingwer mit etwas Zucker andünsten. Orangensaft und Brühe dazugießen. Alles zugedeckt etwa 15 Minuten bei schwacher Hitze gar kochen.

2_ Die Garnelen längs fast ganz aufschneiden, aufklappen und Darm entfernen – das ist der schwarze Faden. Die Garnelen auf der Innenseite mit etwas Öl in einer heißen Pfanne scharf anbraten. Mit Salz und Pfeffer würzen. Mit etwas Zitronensaft ablöschen. Dann zugedeckt warm stellen.

3_ Jetzt Crème fraîche und die Chilisauce in die Suppe rühren. Alles mit einem Pürierstab fein pürieren. Nochmal mit Salz und Pfeffer abschmecken und die angebratenen Garnelen in die Suppe geben. Guten Appetit!

Enthält pro Portion: E: 5 g, F: 17 g, Kh: 8 g, kJ: 915, kcal: 219

Rotes Thai-Curry mit Hähnchen

Ein Koch sieht rot.

>> Ein Flug nach Asien dauert rund 12 Stunden. Wenn Sie aber diesen Flieger hier nehmen, landen Sie bedeutend früher beim Geschmack.

4 Hähnchenbrustfilets (je etwa 140 g)

2 Möhren

1 Süßkartoffel

1 halbe Knolle Sellerie

2 EL Speiseöl

2 EL rote Currypaste (Asiashop)

1 große Dose Ananas in Stücken
(Abtropfgewicht 500 g)

1 Stängel Zitronengras (Asiashop)

500 ml (½ l) Kokosmilch

500 ml (½ l) Hühner- oder Gemüsebrühe

5 Limettenblätter (Asiashop)

2 frische rote Chilischoten

etwas Fischsauce (Asiashop)

1 kleines Bund Basilikum

Salz

Dauert: 60 Minuten

No.1
Löffelliebe
090·091

1_ Hähnchenbrustfilets abspülen, trockentupfen, in feine Streifen schneiden. Möhren, Süßkartoffel, Sellerie putzen, schälen und in kleine Würfel schneiden. Öl im Topf erhitzen, die Currypaste kurz andünsten. Hähnchenfleisch kurz mitdünsten und Ananasstückchen mit -saft dazu. Mit Gemüsewürfeln vermengen und schön erhitzen.

2_ Zitronengras mit einem kleinen, schweren Topf auf der Arbeitsplatte zerdrücken, damit sich das Aroma entfalten kann. Zusammen mit Kokosmilch, Brühe und Limettenblättern alles zum Kochen bringen. Chilis entstielen, in Ringe schneiden und mit ins Curry. Mit Fischsauce würzen und 25–30 Minuten köcheln.

3_ Basilikum abspülen, trockentupfen, Blättchen abzupfen und 5 Minuten vor Ende der Garzeit ins Curry geben. Mit Salz und Fischsauce abschmecken. In Schälchen oder Schüsseln verteilen und es sich schmecken lassen.

Enthält pro Portion: E: 38 g, F: 31 g, Kh: 54 g, kJ: 2676, kcal: 642

>> *Kleiner Tipp: Duftender Basmatireis passt perfekt dazu.*

>> *Lust auf eine Variante? Gelbes Rindfleischcurry. Dafür 500 g fettfreies Rinderfilet oder Rumpsteak in feine Streifen schneiden. 1 grüne Chilischote waschen und schräg in Ringe schneiden. 100 g Bambussprossen aus Dose oder Glas abtropfen lassen. 1 kleines Bund Basilikum abspülen, trockentupfen, die Blättchen abzupfen. 400 ml Kokosmilch in Wok oder Pfanne erhitzen, 2 Teelöffel gelbe Currypaste und 2 Teelöffel Kurkuma (Gelbwurz) darunter. Das Fleisch, zwei Drittel der Basilikumblätter, Chiliringe, Bambus und etwas Zucker dazu. Alles 8–10 Minuten köcheln. Curry vorm Servieren mit Fischsauce und Salz würzen und mit restlichen Basilikumblättern bestreuen.*

Hühnerbrühe

Ist doch klar.

>> Haben Sie Liebeskummer? Oder etwa eine Erkältung? Eine Hühnerbrühe ist so was wie das Allheilmittel unter den Suppen. Aber sie schmeckt auch, wenn man einfach nur Lust auf einen abgebrühten Klassiker hat.

1 Suppenhuhn (etwa 1,5 kg)

1 EL Salz

1 Bund Suppengrün (Möhren, Porree, Sellerie)

1 Knoblauchzehe

10 Pfefferkörner

2 Lorbeerblätter

1 Kräutersträußchen (Petersilie, Thymian)

Dauert: 30 Minuten
(Kochdauer 2–3 Stunden)

1_ Suppenhuhn gründlich von innen und außen waschen. Wenn nötig, Innereien entfernen. Huhn in einen großen Topf legen, salzen.

2_ Das Gemüse putzen, waschen, schälen, grob zerteilen und ab in den Topf. Abgezogene, grob gehackte Knoblauchzehe und Gewürze dazu. Alles mit Wasser bedecken, ohne Deckel etwa 2–3 Stunden köcheln lassen, wenn nötig etwas Wasser nachgießen. Den Schaum, der entsteht, mit einem Schaum- oder einem großen Esslöffel abschöpfen.

3_ Etwa 15 Minuten vor Ende der Garzeit das Kräutersträußchen hinein, ziehen lassen. Dann alles rausfischen und die Brühe durch ein feines Sieb gießen.

4_ Das Huhn enthäuten, das Fleisch von den Knochen ablösen und als Suppeneinlage nutzen. Oder für Salat oder für ein Sandwich verwenden.

Enthält pro Portion: E: 22 g, F: 17 g, Kh: 1 g, kJ: 1025, kcal: 245

>> **Ein paar Tipps noch:** *Die Hühnerbrühe ist die ideale Basis für Risotto, ergibt aber auch mit frischen Kräutern und ein paar Gemüsestreifen eine tolle Suppe (Foto). Ein Spritzer Portwein oder Sherry sind auch nicht verkehrt. Die Hühnerbrust für eine nette kleine Vorspeise in dünne Scheiben schneiden und mit Vinaigrette beträufeln. Den Rest der Brühe kann man prima einfrieren.*

>> **Und so machen's Profis:** *Eine große Zwiebel waschen, aber nicht schälen, halbieren und mit den Schnittflächen nach unten in einer Pfanne ohne Fett Farbe annehmen lassen. Die Schnittflächen können ruhig leicht schwarz sein, Geschmack und Farbe der Brühe werden so schön intensiv. Dann in den Topf geben, mitkochen und am Ende mit dem Gemüse rausnehmen.*

No. 1
Löffelliebe
092·**093**

Kartoffel-Kokos-Suppe mit Zitronengrasspießen

Neulich in der Karibik.

5 Stängel Zitronengras (Asialaden)

200 g Kartoffeln

1 walnussgroßes Stück Ingwer

1 EL Olivenöl oder Sesamöl

100 ml Weißwein

400 ml Hühnerbrühe

400 ml Kokosmilch

4 Zuckerschoten

1 kleines Hähnchenbrustfilet

1 EL Olivenöl, Salz, Pfeffer

1 Spritzer Zitronensaft

Dauert: **40 Minuten**

1_ 1 Zitronengrasstängel in Stücke schneiden. Kartoffeln schälen, abspülen, würfeln, Ingwer schälen, fein schneiden. Alles mit Zitronengrasstückchen mit Öl im Topf kurz andünsten. Mit Weißwein ablösen, Hühnerbrühe und Kokosmilch dazu und die Kartoffelwürfel zugedeckt bei schwacher Hitze etwa 20 Minuten kochen.

2_ Inzwischen die Zuckerschoten in kochendem Salzwasser 1 Minute blanchieren, also abkochen, anschließend kalt abschrecken.

3_ Hähnchenbrustfilet abspülen, trockentupfen, in Würfel schneiden, in einer Pfanne mit Öl rundherum anbraten. Mit Salz und Pfeffer und mit einem Spritzer Zitronensaft würzen. Mit den Zuckerschoten auf die Zitronengrasstängel stecken.

4_ Zitronengrasstücke aus der Suppe fischen. Suppe mit einem Pürierstab fein pürieren, Salz und Pfeffer dran und mit den Spießen anrichten. Fertig!

Enthält pro Portion: E: 10 g, F: 20 g, Kh: 9 g, kJ: 1156, kcal: 279

No.1
Löffelliebe
094·095

Süßkartoffelsuppe mit Mascarpone und Haselnüssen

Tolle Knolle zum Auslöffeln.

2 EL Butter, 2 EL Speiseöl

1 Zwiebel, 1 Knoblauchzehe

500 g Süßkartoffeln

1 walnussgroßes Stück Ingwer

750 ml (¾ l) Gemüsebrühe

100 g Haselnusskerne

250 g Mascarpone

Salz, Pfeffer aus der Mühle

Dauert: **50 Minuten**

1_ Butter und Öl in einem großen Topf zerlassen. Zwiebel und Knoblauch abziehen, hacken und beides darin andünsten.

2_ Kartoffeln schälen, abspülen und würfeln. Ingwer schälen und fein hacken. Beides zusammen kurz mit andünsten und mit Brühe aufgießen. Alles aufkochen und zugedeckt 30 Minuten köcheln lassen.

3_ Haselnusskerne in einer Pfanne ohne Fett leicht rösten, abkühlen lassen und grob hacken. Die Suppe mit einem Pürierstab mehr oder weniger pürieren – manche mögen's samtig weich, andere lieber stückig. Mascarpone unterrühren und kurz darin erwärmen. Suppe noch salzen und pfeffern und mit Haselnusskernen bestreuen.

Enthält pro Portion: E: 6 g, F: 47 g, Kh: 29 g, kJ: 2385, kcal: 569

Gelbe Linsensuppe mit Joghurt

Entdecken Sie Ihre neue Lieblingsfarbe.

>> Auch Brillenträger sollten diese Linsen tragen, wenn auch nur bis zum Tisch. Denn diese Hülsenfrüchtchen sind nicht nur gesund, sondern auch lecker. Werfen Sie mal einen Blick drauf:

1 kleine Zwiebel

1 Knoblauchzehe

2 EL Speiseöl

1 Msp. Kreuzkümmel

1 Msp. gemahlener Koriander

1 Msp. Cayennepfeffer

200 g getrocknete gelbe
oder rote Linsen

600 ml Gemüsebrühe

1 kleine Dose Mais (Abtropfgewicht 140 g)

1 EL in Wasser eingeweichte
Rosinen oder Korinthen

200 g Joghurt

1 Spritzer Sahne

Salz, Pfeffer aus der Mühle

1 Spritzer Zitronensaft

1 kleines Bund glatte Petersilie

Dauert: **45 Minuten**

1_ Zwiebel und Knoblauch abziehen, fein würfeln. Die Zwiebelwürfel bei mittlerer Hitze in einem Topf in Öl andünsten. Knoblauch nach 5 Minuten dazugeben und weitere 5 Minuten dünsten. Gewürze hinein und gut verrühren.

2_ Linsen und Gemüsebrühe dazugeben, verrühren und alles aufkochen lassen. Zugedeckt etwa 30 Minuten leicht weiterköcheln. Ab und an umrühren.

3_ Mais, Rosinen oder Korinthen, Joghurt und Sahne dazugeben, gut ver-rühren, erwärmen und mit Salz, Pfeffer und einem Spritzer Zitronensaft abschmecken.

4_ Suppe mit fein geschnittener Petersilie bestreuen.

Enthält pro Portion: E: 15 g, F: 6 g, Kh: 30 g, kJ: 1034, kcal: 247

>> **Kleiner Tipp:** *Frisches Baguette, ein Klecks Joghurt und die Suppe ist perfekt.*

Mitternachts-Tomatensuppe
Keine Suppe – keine gute Nacht.

1 Bund Suppengrün (Möhre, Porree, Sellerie)

2 kleine Zwiebeln

1 Knoblauchzehe

5 EL Olivenöl

1 kg passierte Tomaten aus Tetrapack oder Dose

Zucker, Salz, Pfeffer

7–8 Blättchen frisches Basilikum

2 EL Sahne, 4 TL grünes Pesto

Dauert: **30 Minuten**

1_ Suppengrün putzen, waschen, und in grobe Würfel schneiden. Zwiebeln und Knoblauch abziehen, auch würfeln. Olivenöl in einem großen Topf erhitzen. Die Gemüse-, Zwiebel- und Knoblauchwürfel 3–4 Minuten andünsten. Die passierten Tomaten dazu und alles etwa 20 Minuten köcheln.

2_ Suppe mit Zucker, Salz und Pfeffer würzen und Basilikumblätter dazu. Weitere 5 Minuten köcheln. Mit einem Pürierstab alles fein pürieren, mit Sahne verfeinern. Jetzt in Teller oder Schüsseln anrichten und Pesto in Klecksen darauf, dann schmeckt's auch den Augen.

Enthält pro Portion: E: 6 g, F: 17 g, KH: 20 g, kJ: 1089, kcal: 259

>> **Noch ein Tipp:** *Die Suppe statt mit Pesto mit einem Klecks Schmand und Basilikumblättern servieren.*

>> **Und noch einer:** *Die Suppe einige Minuten dicker einköcheln lassen und sie eignet sich super als Nudelsauce. Buon Appetito!*

No.1
Löffelliebe
098·**099**

Paprikasuppe mit Sesam-Ziegenkäse
Da gibt es nix zu meckern.

750 g gelbe Paprikaschoten

2 rote Chilischoten

2 Zwiebeln

etwas Olivenöl

700 ml Gemüsebrühe

1 Spritzer Zitronensaft

Salz, Pfeffer aus der Mühle, Zucker

120 g Ziegenfrischkäse von der Rolle

2 EL Sesamsamen

Dauert: **50 Minuten**

1_ Die Paprika- und Chilischoten halbieren, entstielen, entkernen und Scheidewände entfernen. Schoten waschen und klein schneiden.

2_ Zwiebeln abziehen und fein würfeln. Olivenöl im Topf erhitzen und die Zwiebelwürfel glasig andünsten. Paprika und Chilis etwa 5 Minuten mitdünsten. Brühe dazu, aufkochen lassen, die Hitze reduzieren und zugedeckt 30 Minuten köcheln.

3_ Die Suppe mit einem Mixstab ordentlich pürieren, mit Zitronensaft, Salz, Pfeffer und einer Prise Zucker abschmecken. Den Ziegenfrischkäse in 4 gleich große Scheiben schneiden, in Sesam wälzen und auf die Suppe legen.

Enthält pro Portion: E: 6 g, F: 14 g, KH: 12 g, kJ: 843, kcal: 202

Petri Heil

Nur freitags wäre zu schade.

No.1
Petri Heil
100·**101**

>> Sie kommen aus einer anderen Welt. Sind wichtige Lieferanten von Jod, Proteinen und Omega-Fettsäuren. Und sogar als Sternzeichen unverzichtbar: Frische Fische und Meeresfrüchte.

Niemanden stören ihre Schuppen. Aber die meisten lieben ihr feines, zartes Fleisch. Und natürlich den Geschmack, der aus der Tiefe kommt. Ja, ja – aber die Zubereitung!? Einfacher und schneller, als viele denken. Blättern Sie mal auf den nächsten Seiten.

Fisch Caprese
Italienisch für Anfänger.

>> Da staunt der Mozzarella und die Tomaten wundern sich, wenn sich zarte Filets zu ihnen legen. Doch wer die drei aus dem Backofen fischt, hat einen unglaublich leckeren Fang gemacht. Und zwar ganz einfach:

No.1
Petri Heil
102·103

4 Tomaten

2 kleine Zucchini

1 Pck. (250 g) Mozzarella

Salz, Pfeffer aus der Mühle

1 EL getrocknete italienische

Kräuter

4 EL Olivenöl

4 Seelachs- oder Rotbarschfilets

(je etwa 130 g)

einige Stängel Basilikum

Dauert: **50 Minuten**

1_ Tomaten waschen, trockentupfen, Stängelansätze rausschneiden und Tomaten in Scheiben schneiden.

2_ Zucchini waschen, abtrocknen, Enden abschneiden. Dann in dünne Scheiben schneiden. Mozzarella abtropfen lassen und in 12 Scheiben schneiden.

3_ Die Hälfte der Tomaten-, Zucchini- und Mozzarellascheiben dachziegelartig in eine flache gefettete Auflaufform schichten. Salz, Pfeffer und die Hälfte der Gewürzmischung drauf und alles mit 2 Esslöffeln von dem Öl beträufeln.

4_ Fischfilets kalt abspülen, trockentupfen, salzen, pfeffern und auf die Gemüse-Käse-Mischung legen. Darauf dann dachziegelartig die restlichen Tomaten-, Zucchini- und Mozzarellascheiben schichten.

5_ Mit Salz, Pfeffer und dem Rest der Gewürzmischung bestreuen und mit dem restlichen Öl beträufeln. Den Auflauf ohne Deckel auf dem Rost für 25–30 Minuten in den vorgeheizten Backofen (Ober-/Unterhitze 200 °C, Heißluft 180 °C, Gas Stufe 3–4).

6_ Basilikum abspülen, trockentupfen, Blätter von den Stängeln zupfen, fein schneiden und den Fischauflauf damit bestreuen.

Enthält pro Portion: E: 38 g, F: 27 g, Kh: 4 g, kJ: 1717, kcal: 410

Der Tipp dazu: *Als Beilagen sind Reis oder das Kartoffelpüree von Seite 48/49 echte Empfehlungen. Den Fisch gibt's auch tiefgefroren.*

Fisch in der Hülle
Geschlossene Gesellschaft.

>> Dieser Fisch ist so vorzüglich, man möchte ihn glatt als Geschenk einpacken. Dabei ist das Einpacken nur eine schlaue Idee, ihn schonend zu garen und dabei das feine Aroma der Gewürze voll und ganz aufzufangen. Das müssen Sie mal probieren:

4 Zanderfilets oder Viktoriabarschfilets ohne Haut (je etwa 160 g)

1 Bund Suppengrün (Möhre, Sellerie, Porree)

1 kleine Fenchelknolle

1 Zwiebel

1 Knoblauchzehe

je 1 Stängel Petersilie, Basilikum und Dill

1 Bio-Zitrone (unbehandelt, ungewachst)

Salz, Pfeffer aus der Mühle

4 EL Butter

Außerdem:

4 große Bögen gutes Pergamentpapier

1,2 m Paketschnur

Dauert: **40 Minuten**

1_ Die Fischfilets kalt abspülen und trockentupfen. Suppengrün putzen, schälen, waschen und in sehr feine Steifen schneiden. Fenchelknolle putzen und in dünne Scheiben schneiden. Das Fenchelgrün aufheben.

2_ Zwiebel und Knoblauch abziehen und fein würfeln. Kräuter und Fenchelgrün waschen, trockentupfen, Blätter von den Stängeln zupfen. Zitrone gründlich abwaschen, vier gleich große Scheiben abschneiden, den Rest auspressen. Die Fischfilets mit dem Zitronensaft beträufeln, salzen und pfeffern.

3_ Paketschnur in 8 jeweils 15 cm lange Stücke schneiden. Pergamentpapierbögen aufs Backblech, Gemüsestreifen und Kräuter zu gleichen Teilen auf die Mitte des Papiers legen. Darauf dann Fischfilets, Zitronenscheiben und je 1 Esslöffel Butter.

4_ Die beiden langen Seiten des Papiers jeweils oben zueinander führen und wie eine Ziehharmonika bis auf die Butter runter zusammenfalten. Die Enden wie bei einem Bonbon drehen und mit der Paketschnur zubinden.

5_ Das Blech für 15–20 Minuten in den vorgeheizten Backofen (Ober-/Unterhitze 220 °C, Heißluft 200 °C, Gas Stufe 4 – 5). Dann rausnehmen, 5 Minuten ruhen lassen und gut.

Enthält pro Portion: E: 32 g, F: 18 g, Kh: 7 g, kJ: 1373, kcal: 328

>> **Unverhüllter Tipp:** *Dazu passen einfache Salzkartoffeln und ein knackiger grüner Salat. Den Fisch gibt's auch tiefgefroren.*

No.1
Petri Heil

Petersfischfilet mit Spinat und Orange

Der Heringskönig und sein Gefolge.

4 TK-Petersfischfilets

(je etwa 160 g)

300 g TK-Blattspinat

1 Bio-Orange (unbehandelt, ungewachst)

Salz, Pfeffer aus der Mühle

1–2 EL Weizenmehl

3 EL Olivenöl zum Anbraten

1 Becher Schlagsahne

Dauert: **40 Minuten**

(ohne Auftauzeit)

1_ Petersfischfilets und Blattspinat auftauen, Filets kalt abspülen, trockentupfen. Spinat gut abtropfen lassen, besser noch: ausdrücken. Orange gründlich waschen, Schale mit einer Haushaltsreibe abreiben. Restliche Schale mit der weißen Haut mit einem scharfen Messer abschneiden. Orangenfilets zum Garnieren rausschneiden.

2_ Jedes Fischfilet in vier Streifen schneiden: Erst in der Mitte längs halbieren, dann die langen Filets nochmal teilen. Streifen salzen, pfeffern und in Mehl wenden. Überschüssiges Mehl abschütteln.

3_ Öl in einer Pfanne erhitzen, Filets kurz und kräftig von beiden Seiten anbraten, dann in eine gefettete Auflaufform legen. Blattspinat salzen, pfeffern und um die Filets verteilen. Dann die abgeriebene Orangenschale dazu. Sahne über Fisch und Spinat gießen und die Form für 10–12 Minuten auf dem Rost in den vorgeheizten Backofen (Ober-/Unterhitze 220 °C, Heißluft 200 °C, Gas Stufe 4–5).

4_ Fisch aus dem Ofen holen. Spinat auf Tellern anrichten, je 4 Fischfiletstreifen drauf legen. Sauce drüber gießen, falls nötig, Sauce für eine cremigere Konsistenz kurz aufkochen. Mit den Orangenfilets belegen.

Enthält pro Portion: E: 13 g, F: 25 g, Kh: 8 g, kJ: 1343, kcal: 321

>> **Der Beilagentipp:** *Salzkartoffeln passen prima.*

>> **Eine Alternative?** *Statt Petersfisch kann man auch Tilapia- oder Pankasiusfisch oder einfach Seelachs nehmen.*

>> **Etwas einfacher?** *Wem das Filetieren der Orange zu aufwändig ist, kann das Fruchtfleisch nach dem Schälen einfach in Würfel schneiden.*

No.1
Petri Heil

Garnelen mit Kokosmilch und Chili
Asien fängt in der Küche an.

No.1
Petri Heil
108·109

>> Süß und scharf und unvergleichlich exotisch, so müssen Riesengarnelen schmecken. Fragen Sie mal einen Asiaten. Oder versuchen Sie einfach diese Rezeptidee:

400 ml Kokosmilch
1 EL gelbe Chilipaste (Asialaden)
450 g geschälte Riesengarnelen
2 EL Fischsauce (Asialaden)
½ EL Zucker oder Honig
1–2 Stängel Koriander
1 rote Chilischote
einige Limettenscheiben

Dauert: **20 Minuten**

1_ In einem Topf oder Wok die Hälfte der Kokosmilch erhitzen. Chilipaste dazu, durchrühren und 2–3 Minuten köcheln, bis sie schön zu duften beginnt.

2_ Garnelen abspülen, trockentupfen, dazugeben und 1 Minute garen. Jetzt die restliche Kokosmilch, Fischsauce und Zucker oder Honig dazu. 2 Minuten köcheln. Korinader abspülen, trockentupfen und Blätter von den Stängeln zupfen. Chili waschen, entstielen und in schräge Ringe schneiden.

3_ In Portionsschalen oder auf einer Platte anrichten. Mit Chiliringen, Korianderblätter und Limettenscheiben garnieren. Herrlich!

Enthält pro Portion: E: 25 g, F: 19 g, Kh: 8 g, kJ: 1278, kcal: 308

>> **Noch ein Beilagentipp:** *Reis ist erste Wahl.*

Tierisch gut

Durch und durch lecker.

>> Mal unter uns: Was ist menschlicher als zügellose Lust auf Fleisch? Kaum eine Fantasie von Köchinnen und Köchen, die ohne hübsche Formen, goldbraune Haut, oder makellose Schenkel in Schwung kommt. Wer kann sich davon frei machen!? Aber es muss ja nicht jeden Tag sein.

Im Gegenteil: Weniger, dafür besseres Fleisch – am besten Bio – ist sehr viel mehr. Geschmacklich natürlich, gesundheitlich. Und genüsslich sowieso. Nun beißen Sie schon zu.

Chicken Wings, mediterran

Empfehlung auf dem Flugplan heute.

>> Verschwenden Sie einen Gedanken an diese Geschmacksüberflieger und erteilen Sie Landeerlaubnis auf ihrem Teller. Beachten Sie für eine genussvolle Landung folgende Hinweise:

Für die Marinade:

je 1 Stängel Rosmarin und Thymian

3–4 Knoblauchzehen

Salz

4–5 EL Olivenöl

Saft von 2 Zitronen

24 Chicken Wings (etwa 1,4 kg)

Pfeffer aus der Mühle

5–6 Cocktailtomaten

Dauert: **70 Minuten**

1_ Für die Marinade Rosmarin und Thymian abspülen, trockentupfen, Nadeln und Blättchen abzupfen. Knoblauch abziehen, durch eine Knoblauchpresse drücken und mit Kräutern, etwas Salz und etwas von dem Olivenöl verrühren. Zitronensaft unterrühren.

2_ Chicken Wings kalt abspülen und trockentupfen, dann mit der Marinade in einer Schüssel vermengen. Das restliche Olivenöl dazu, mit Pfeffer würzen und zugedeckt 15–20 Minuten ziehen lassen.

3_ Dann aus der Marinade nehmen und auf ein Blech mit Backpapier. Chicken Wings nochmal mit Marinade bestreichen.

4_ Das Backblech auf mittlerer Schiene in den vorgeheizten Backofen (Ober-/ Unterhitze: 180–200 °C , Heißluft: 160–180 °C, Gas etwa Stufe 3), Wings etwa 45 Minuten garen, dabei ab und zu mit der restlichen Marinade bestreichen, nach 30 Minuten die gewaschenen, halbierten Tomaten dazugeben. Heiß oder kalt genießen.

Enthält pro Portion: E: 29 g, F: 39 g, Kh: 2 g, kJ: 2005, kcal: 478

>> ***Lust auf eine Variante? Pikante Hähnchenkeulen (kleines Foto).*** *Für die Marinade 1 rote Chilischote entstielen und in feine Ringe schneiden. Mit 100 ml Hühner- oder Gemüsebrühe, 3 Esslöffeln Ketchup, je 1 Esslöffel Zucker, Sojasauce und Essig und je 1 Teelöffel Sambal Oelek und Curry in einem Topf unter Rühren aufkochen. 20 Hähnchenunterkeulen (etwa 1,5 kg) kalt abspülen, trockentupfen und auf ein gefettetes Blech mit Backpapier legen. Keulen ordentlich dick mit Marinade bestreichen und 10 Minuten einziehen lassen. Dann auf dem Blech in den Ofen und wie oben garen. Keulen beim Garen ab und zu mit Marinade bestreichen. Heiß oder kalt auf den Tisch.*

*No. 1
Tierisch gut*

Lammkeule
nach der 80-Grad-Methode
Große Keule. Aber keine große Sache.

>> Große Autos, große Häuser, große Tiere: Große Größen sorgen für Respekt. Dabei braucht man nur ein wenig Zeit, Lust auf extra zartes Lamm und aus großem Staunen wird ein großartiges Essen. Nämlich so:

Für 4–6 Personen

etwa 2 kg Lammkeule

10–12 kleine Knoblauchzehen

1 Stängel Rosmarin

1 Stängel Thymian

Salz, Pfeffer aus der Mühle

Für die Marinade:

1 EL flüssiger Honig

1 EL Senf (z. B. Dijonsenf)

2 EL Olivenöl

Außerdem:

2 Zwiebeln

100 ml Rotwein

400 ml Kalbsfond

Dauert: **40 Minuten**

(+ 6 ½ Stunden Garzeit)

1_ Den Backofen vorheizen (Ober-/Unterhitze 250 °C). Fett und Sehnen von der Keule entfernen. Keule kalt abspülen und trockentupfen.

2_ Knoblauch abziehen, Kräuter abspülen, trockentupfen, Blätter und Nadeln von den Stängeln zupfen und grob hacken. Dann die Haut der Lammkeule mit einem spitzen, scharfen Messer 10–12-mal an mehreren Stellen einstechen und die Einstiche mit den Fingern etwas ausweiten.

3_ Knoblauch, gehackte Kräuter und etwa 1 Teelöffel Salz auf der Lammkeule verteilen, einreiben und in die Einstiche drücken, bis alles gleichmäßig in den Löchern verteilt ist. Mit Pfeffer würzen.

4_ Aus Honig, Senf und Olivenöl eine Marinade anrühren, die Lammkeule damit schön dick bestreichen und auf ein Backblech legen. Das dann ins untere Drittel des heißen Backofens. Wenn vorhanden, Grill zuschalten und die Lammkeule etwa 15 Minuten anbraten, dabei einmal wenden.

5_ Den Grill ausschalten und die Temperatur runterschalten (Ober-/Unterhitze 80 °C). Dabei die Tür etwa 1 Minute öffnen, damit der Backofen etwas abkühlt. Dann die Tür wieder schließen.

6_ Zwiebeln abziehen, fein würfeln und zur Lammkeule geben. Lammkeule 6 ½ Stunden garen. Nach 2 Stunden Garzeit die Lammkeule wenden, den Rotwein dazugießen. Nach weiteren 2 Stunden die Keule wieder wenden und den Kalbsfond dazugießen.

Enthält pro Portion: E: 71 g, F: 19 g, Kh: 7 g, kJ: 2076, kcal: 495

>> **Große Tipps:** *Dazu passt Kartoffelgratin (Seite 50/51) und Ratatouille (Seite 76/77). Oder Salzkartoffeln und grüne Bohnen mit Bohnenkraut und ein paar Umdrehungen aus der Pfeffermühle.*

No. 1
Tierisch gut
116·117

Marinierte Hähnchenkeulen mit Rosmarinkartoffeln

Machen Sie Ihrem Hunger Beine

4 große Hähnchenkeulen

(je etwa 200 g)

Klassische asiatische Marinade

von Seite 24

1 Chilischote

Für das Gemüse:

je 1 rote und gelbe Paprikaschote

1 Zucchini

2 Frühlingszwiebeln

2 Tomaten

1–2 EL Olivenöl

Salz, Pfeffer aus der Mühle

Für die Rosmarinkartoffeln:

1 kg mittelgroße Kartoffeln

1 Stängel frischer oder getrock-

neter Rosmarin

3 EL Olivenöl, Salz

Dauert: **45 Minuten**

(ohne Marinier- und Garzeit)

1_ Die Hähnchenkeulen kalt abspülen, trockentupfen.

2_ Die Marinade von Seite 24 anrühren, die Hähnchenkeulen damit bestreichen. Die geputzte, in Ringe geschnittene Chili dazu. Hähnchenschenkel kalt stellen und 1–2 Stunden marinieren, also durchziehen lassen. Ab und zu wenden und mit Marinade bestreichen.

3_ Die Paprikaschoten halbieren, entstielen, entkernen. Die weißen Scheidewände raus, Schoten waschen und in Würfel schneiden. Zucchini waschen, Enden abschneiden, längs halbieren und würfeln. Frühlingszwiebeln putzen, waschen und in 3 cm lange Stücke schneiden. Tomaten vierteln, Stängelansätze entfernen. Paprika, Zucchini, Frühlingszwiebeln und Tomaten mit etwas Olivenöl vermischen, alles in eine Auflaufform. Jetzt fehlt nur noch grobes Meersalz und Pfeffer.

4_ Die Hähnchenschenkel oben drauf legen, die Auflaufform für 30–40 Minuten auf dem Rost in den vorgeheizten Backofen (Ober-/Unterhitze 180 °C, Heißluft 160 °C, Gas Stufe 2–3).

5_ Kartoffeln schälen, abspülen, halbieren. Mit abgezupften Rosmarinnadeln, Olivenöl und Salz vermischen. In einer weiteren Auflaufform zu den Hähnchenkeulen in den Backofen. So etwa 25 Minuten mitgaren. Die Hähnchenkeulen sind gar? Dann rausnehmen, das Gemüse nochmal abschmecken und zusammen mit den Rosmarinkartoffeln und den Hähnchenkeulen servieren. Einfach klasse!

Enthält pro Portion: E: 35 g, F: 31 g, KH: 43 g, kJ: 2509, kcal: 559

>> *Übrigens: Die beiden benötigten Auflaufformen müssen so groß sein, dass sie nebeneinander in den Ofen passen.*

Saltimbocca alla romana

Schnitzeljagd auf römisch.

\>\> „Salt'im bocca!" ist eine alte römische Redensart und heißt so viel wie „Spring in den Mund!" Sollte Ihr Schnitzel dieser Aufforderung nicht auf Anhieb folgen, nehmen Sie einfach Messer und Gabel. Genial schmeckt es in jedem Fall.

4 dünne Scheiben Kalbfleisch aus der Keule (je 100 g)

8 Salbeiblätter

4 Scheiben Parmaschinken

Salz, Pfeffer aus der Mühle

20 g Weizenmehl

2–3 EL Speiseöl

Holzstäbchen

Für die Sauce:

125 ml (⅛ l) Weißwein

125 g Crème Double

Salz, Pfeffer, Zucker

Dauert: 30 Minuten

1_ Kalbfleisch und Salbeiblätter kalt abspülen, trockentupfen. Kalbfleisch- und Parmaschinkenscheiben halbieren. Auf jede halbe Kalbfleischscheibe eine halbe Scheibe Parmaschinken und 1 Salbeiblatt legen und mit Holzstäbchen von oben feststecken. Von beiden Seiten mit Salz und Pfeffer bestreuen und in Mehl wenden.

2_ Öl in einer Pfanne erhitzen. Das Fleisch 3–4 Minuten von jeder Seite braten. Auf einen vorgewärmten Teller legen und mit einem zweiten Teller bedecken.

3_ Für die Sauce den Bratensatz mit Weißwein loskochen und etwas einkochen lassen. Crème Double darunter, kurz erhitzen und mit Salz, Pfeffer und Zucker abschmecken. Den entstandenen Fleischsaft unterrühren. Die Sauce über das Fleisch geben.

Enthält pro Portion: E: 25 g, F: 22 g, Kh: 4 g, kJ: 1388, kcal: 334

\>\> **Sie haben kein Kalbfleisch?** *Schweine- oder Putenschnitzel gehen auch.*

\>\> **Prima Beilage:** *Nudeln oder Reis.*

\>\> **Kleiner Tipp:** *Anstelle von Crème Double können Sie auch Mascarpone verwenden.*

*No.1
Tierisch gut*

Satéspieße mit Erdnusssauce
Nur was für Spießer. Und alle anderen.

Für 4–6 Personen

Für die Spieße:

4 Hähnchenbrustfilets (je etwa 160g)

2 Knoblauchzehen, 1 kleine Zwiebel

1 rote Chilischote

1 große Prise Kreuzkümmel

2 EL helle Sojasauce

500 ml (½ l) Kokosmilch

2 EL Speiseöl

Salz, Pfeffer aus der Mühle

Für die Erdnusssauce:

1 kleines Pck. (100 g) gesalzene Erdnüsse

1 Bio-Zitrone (unbehandelt, ungewachst)

2 EL Erdnusscreme

1 TL Currypulver indisch

1 Prise Zucker

3–5 EL Sahne

Außerdem:

8–10 Zitronengrasstängel

Dauert: 40 Minuten
(ohne Marinierzeit)

1_ Hähnchenbrustfilets kalt abspülen, trockentupfen und in 1–2 cm breite, kurze Streifen schneiden. Knoblauch und Zwiebel abziehen und allerfeinst würfeln. Chilischote waschen, längs halbieren, entstielen, entkernen und in feine Streifen schneiden.

2_ Knoblauch, Zwiebel, Chili, Kreuzkümmel, Sojasauce, 4 Esslöffel von der Kokosmilch und das Öl schön verrühren. Salz und Pfeffer dazu. Die Hähnchenbruststreifen 1–2 Stunden in der Marinade ziehen lassen.

3_ Zwischenzeitlich die Erdnüsse in einer Pfanne ohne Fett anrösten, abkühlen lassen und fein hacken oder zerdrücken. Zitrone heiß abwaschen, abtrocknen, die Schale abreiben. Den Rest auspressen. Restliche Kokosmilch, Erdnusscreme und Currypulver im Topf aufkochen. Zerkleinerte Erdnüsse, abgeriebene Zitronenschale und -saft unterrühren, eine Prise Zucker und so viel Sahne dazu, bis die Sauce lecker cremig ist.

4_ Fleischstücke kurz abtropfen lassen und wellenförmig auf die Zitronengrasstangen stecken. Das dicke Ende kann man abschneiden und für ein anderes Mal einfrieren. Die Spieße etwa 10 Minuten mit etwas Abstand unter den vorgeheizten Backofengrill, zwischendurch mit Marinade bestreichen. Kein Backofengrill? Dann die Spieße mit etwas Öl in der Pfanne braten. Mit der Erdnusssauce servieren.

Enthält pro Portion: E: 40 g, F: 39 g, Kh: 8 g, kJ: 2239, kcal: 539

>> **Mal anders?** *Satéspieße schmecken auch mit Schweine- oder Rindfleischstreifen. Die Löcher für die Zitronengrasspieße dann am besten mit einem Holzspieß vorbohren. Anstelle von Zitronengras kann man auch Holzspieße nehmen.*

No.1
Tierisch gut

Panierte Schweineschnitzel

Wenn das Wasser im Mund überläuft.

>> Es gibt Momente, da ist eine ausgebratene Panade das wahre Gold. Denn wenn sich ein ausgewachsenes Schnitzel auf Ihrem Teller ausbreitet, gibt es kein Halten mehr. Vermutlich liegt es an diesem Rezept:

No.1
Tierisch gut
124·125

4 Schweineschnitzel

(je etwa 200 g)

Salz, Pfeffer aus der Mühle

2 EL Weizenmehl

2 Eier

3 EL Paniermehl

5 EL Speiseöl

Dauert: **20 Minuten**

1_ Schweineschnitzel salzen und pfeffern. Drei Teller nebeneinander stellen – einen mit Mehl, einen mit Eiern und einen mit Paniermehl. Schnitzel zuerst in Mehl wenden. Überschüssiges Mehl abschütteln. Eier im tiefen Teller mit einer Gabel schaumig schlagen. Bemehlte Schnitzel erst in Eiern, dann in Paniermehl wenden.

2_ Öl in einer Pfanne stark erhitzen. Schnitzel beidseitig kurz und kräftig anbraten, dann bei mittlerer Hitze 3–5 Minuten – je nach Dicke der Schnitzel – fertig braten. Ab und an wenden. Fertige Schnitzel aus der Pfanne und lecker.

Enthält pro Portion: E: 47 g, F: 15 g, Kh: 6 g, kJ: 1471, kcal: 351

>> **Probieren Sie diese Beilagen:** *Zitronenscheibe, Pommes frites oder die Bratkartoffeln von Seite 56/57 und Blattsalat.*

>> **Noch ein Tipp:** *Die Panade nicht zu fest andrücken, damit sie schön locker wird.*

>> **Lust auf ein Hallali? Jägerschnitzel.** *Dafür 1 Zwiebel abziehen und würfeln. 250 g Champignons putzen, mit Küchenpapier abreiben, evtl. abspülen, trockentupfen und in Scheiben schneiden. Schnitzel wie gehabt vorbereiten, panieren, braten, zugedeckt warm stellen. Zwiebelwürfel im Bratfett andünsten. Champignonscheiben mit den Zwiebelwürfeln dünsten. Salzen, pfeffern und 2–3 Minuten bei schwacher Hitze ohne Deckel leicht köcheln. Jetzt noch 1 Becher (150 g) Crème fraîche und 1 Esslöffel Petersilie unterrühren. Diese oder die Pilzrahmsauce von Seite 152/153 zu den Schnitzeln.*

Filetsteaks

Gutes Fleisch ist sich nie zu fein.

4 EL Speiseöl

4 Rinderfiletsteaks aus der Filet-mitte (je 150 g)

Salz, Pfeffer aus der Mühle

Dauert: **10 Minuten**

1_ Öl in einer Pfanne stark erhitzen. Die Steaks kurz von beiden Seiten kräftig anbraten. Dann auf jeder Seite 2–3 Minuten braten, dabei öfter mit dem Fleischsaft beträufeln, salzen und pfeffern.

2_ Die Steaks auf einer vorgewärmten Platte anrichten. Das Bratfett über die Steaks gießen.

Enthält pro Portion: E: 32 g, F: 16 g, Kh: 0 g, kJ: 1128, kcal: 269

>> **Das gehört dazu:** *Pommes frites und gemischter Blattsalat oder das Kartoffel-gratin von Seite 50/51.*

>> **So wird's perfekt:** *Das Fleisch nach dem Braten noch etwas ruhen lassen, damit sich der Fleischsaft verteilt und das Steak saftig bleibt. Den ausge-tretenen Fleischsaft über die Steaks gießen oder für die Sauce nutzen. Das 3-Minuten-Steak („medium") ist besonders beliebt. Es ist nicht mehr roh („rare", 1–2 Minuten), aber auch noch nicht ganz durchgebraten („welldone", 5 Minuten). Die Zeitangaben entsprechen der Bratzeit pro Seite.*

No.1
Tierisch gut
126·**127**

Rumpsteaks mit Zwiebeln

Wenn Vegetarier schwach werden.

2 große Zwiebeln

4 Rumpsteaks (je 200 g)

3 EL Speiseöl

Salz, Pfeffer aus der Mühle

evtl. etwas Steak-Gewürz

Dauert: **20 Minuten**

1_ Zwiebeln abziehen und in Scheiben schneiden. Rumpsteaks an den Rän-dern etwas einschneiden.

2_ Öl in einer Pfanne stark erhitzen. Das Fleisch in das heiße Fett legen und kurz von beiden Seiten kräftig anbraten. Dann mit Salz, Pfeffer und wer mag mit Steak-Gewürz bestreuen und jede Seite 3–4 Minuten braten. Die Fleischscheiben dabei öfter mit Bratfett aus der Pfanne begießen, damit sie schön saftig bleiben.

3_ Die Steaks auf eine vorgewärmte Platte, zudecken und warm stellen. Die Zwiebelscheiben in das Bratfett geben, mit Salz und Pfeffer würzen und unter Wenden einige Minuten bräunen. Die Steaks mit den Zwiebeln servieren.

Enthält pro Portion: E: 45 g, F: 16 g, Kh: 1 g, kJ: 1399, kcal: 333

>> **Diese Beilagen machen's rund:** *Kartoffelecken (S. 52/53) und grüne Bohnen oder gemischter Salat.*

Die Süßen

Nach dem Essen ist vor dem Nachtisch.

>> Wenn der Teller leer ist, fängt das Essen erst richtig an. Mit Dessert, Dolce oder einfach einem Nachtisch. Nennen Sie die Süßen, wie Sie mögen. Aber bloß keine Schuldgefühle. Oder haben Sie etwa keine Belohnung verdient!?

Leider ist nur selten Zeit, dieses kleine Highlight selbst zu machen. Es sei denn, es geht so einfach und fix wie diese hier.

Milchreis

Schmeckt sogar mit Stäbchen.

>> Dieser Milchreis ist Korn für Korn süßer Genuss. Nun rechnen Sie mal nach, was das bei einer ordentlichen Portion mit hunderten von Körnern bedeutet!? Und währenddessen können Sie ja Folgendes probieren:

Für 4–6 Personen:

1 l Milch

1 Prise Salz

2–3 EL Zucker

1 Pck. Dr. Oetker Finesse

Geriebene Zitronenschale

175 g Milchreis (Rundkornreis)

Dauert: **40 Minuten**

1_ Einen Topf kalt ausspülen (nicht abtrocknen) – so brennt die Milch nicht so leicht an. Milch mit Salz, Zucker und Zitronenschale zum Kochen bringen.

2_ Milchreis hinein, umrühren, zum Kochen bringen. Bei schwacher Hitze etwa 35 Minuten mit halb aufgelegtem Deckel quellen lassen, ab und zu umrühren.

3_ Den Milchreis heiß oder kalt genießen.

Enthält pro Portion: E: 8 g, F: 6 g, Kh: 43 g, kJ: 1189, kcal: 285

>> **Kleiner Tipp:** *Den Milchreis als süßes Hauptgericht mit gebräunter Butter und Zimt-Zucker, Kompott oder Obst servieren.*

>> **Lust auf eine Variante?** *Dafür 40 g gehobelte Haselnusskerne oder Mandeln in einer Pfanne ohne Fett anrösten, über den fertigen Reis streuen und mit Ahornsirup oder Honig beträufeln.*

No.1
Die Süßen

Apfel-Quiche mit Mandeln
Vom Stammbaum der Leckerschmecker gepflückt.

>> Die Apfel-Quiche hat enge Verwandte im Elsass, dem Schlemmerland. Der Blätterteig liegt in der Familie. Darauf geht's auch mal deftig zu, mit Schinken und Käse. Aber das letzte Wort beim Essen haben die süßen Kuchen. So, wie dieser:

Für 6 Personen:

½ Pck. (225 g) TK-Blätterteig

2 leckere Äpfel (süß-sauer, z. B. Cox Orange)

1 Pck. Dr. Oetker Finesse Geriebene Zitronenschale

1 Pck. Dr. Oetker Bourbon-Vanille-Zucker

2 EL Zucker

125 ml (⅛ l) Schlagsahne

2 Eier

1 Hand voll abgezogene, gehobelte Mandeln

1 EL Puderzucker

Dauert: **40 Minuten**

1_ Blätterteig nach Packungsanleitung auftauen, dann Platten aufeinander legen, dabei nicht verkneten! Zu einer Platte von gut 32 cm Durchmesser ausrollen. Dann so in eine kalt ausgespülte (nicht abgetrocknete) Springform mit 26–28 cm Durchmesser legen, dass der Rand leicht überlappt.

2_ Die Kerngehäuse der Äpfel mit einem runden Ausstecher entfernen, Äpfel schälen und in dünne Scheiben schneiden, mit dem Loch in der Mitte. Den Blätterteig damit dachziegelartig belegen.

3_ Zitronenschale mit Bourbon-Vanille-Zucker, Zucker, Sahne und Eiern verquirlen und über die ausgelegten Apfelscheiben gießen. Alles mit Mandeln bestreuen, und sofort für etwa 20 Minuten in den vorgeheizten Backofen (Ober-/Unterhitze 200 °C, Heißluft 180 °C, Gas Stufe 3–4).

4_ Nach dem Backen die Quiche etwas abkühlen lassen, den überhängenden Rand abschneiden. Quiche vorsichtig aus der Form lösen, ordentlich mit Puderzucker bestäuben und am besten lauwarm auf den Tisch.

Enthält pro Portion: E: 6 g, F: 20 g, Kh: 25 g, kJ: 1287, kcal: 308

>> **Tipp:** Statt den Teig selbst auszurollen, können Sie auch eine runde Platte Blätterteig kaufen (etwa 230 g, Durchmesser 32 cm), diese einfach in die Form legen und etwas über den Rand hängen lassen (evtl. noch etwas nachrollen).

>> **Tipp Nummer 2:** Wer keinen runden Kerngehäuseausstecher hat, kann die Äpfel auch halbieren, entkernen und die Hälften in Scheiben schneiden.

No. 1
Die Süßen
132·133

Orangen-Panna Cotta mit Rum

Wer zuerst nascht, hat verloren.

600 ml Schlagsahne

1 Pck. Dr. Oetker Finesse
Bourbon-Vanille-Aroma

1 Prise Salz

1 Pck. Dr. Oetker Finesse
Geriebene Zitronenschale

3–4 EL Zucker

1 Bio-Orange (unbehandelt,
ungewachst)

4 Blatt weiße Gelatine

3 EL Rum

Für die Sauce:

etwas Orangensaft

1–2 EL Zucker

Dauert: **40 Minuten**
(ohne Kühlzeit)

1_ Einen Topf kalt ausspülen. Sahne mit Vanille-Aroma, Salz, Zitronenschale und Zucker zum Kochen bringen, etwa 10 Minuten ohne Deckel bei schwacher Hitze köcheln. Orange heiß abwaschen, abtrocknen, die Schale dünn abreiben. 3–4 Minuten vor Ende der Kochzeit abgeriebene Orangenschale in die Milch und kurz mitköcheln.

2_ Gelatine nach Packungsanleitung einweichen. Topf vom Herd nehmen. Gelatine ausdrücken und unter Rühren in der heißen Sahne auflösen. Rum dazu. Die Sahne in 4 kalt ausgespülte Förmchen oder Tassen mit je etwa 150 ml Inhalt gießen. Etwas abkühlen lassen und mindestens 3 Stunden oder besser über Nacht in den Kühlschrank stellen.

3_ Die restliche Orangenschale mit einem scharfen Messer so von der Orange abschneiden, dass die weiße Haut mit entfernt wird, die Orangenfilets rausschneiden. Den Saft aus den Orangenresten ausdrücken und mit Orangensaft auf 200 ml auffüllen. In einem Topf mit Zucker zu einem leicht dicklichen Sirup einkochen, kalt stellen.

4_ Panna Cotta mit einem Messer vom Rand lösen, die Form einige Sekunden in heißes Wasser stellen, auf Dessertteller stürzen. Sauce dazugießen und Panna Cotta mit den Orangenfilets belegen.

Enthält pro Portion: E: 5 g, F: 47 g, Kh: 32 g, kJ: 2560, kcal: 612

>> *Kleiner Tipp: Statt Orangenfilets einfach Mandarinen aus der Dose nehmen, die Orange dann auspressen und den Saft für die Sauce verwenden.*

>> *Panna Cotta mal anders? Mit Beerensauce. Dafür nach Rezept kochen, aber ohne abgeriebene Orangenschale. Für die Beerensauce 300 g Erdbeeren, Himbeeren oder TK-Beerencocktail pürieren und ein Päckchen Bourbon-Vanille-Zucker unterrühren.*

>> *Noch eine Variante: Panna Cotta mit Joghurt. Dafür wie gehabt kochen, aber nur mit 350 ml Sahne zubereiten. Nach dem Unterrühren der Gelatine 250 g Joghurt oder Vanillejoghurt dazu. Dann weiter wie beschrieben.*

No.1
Die Süßen

Schokoladenmousse
Ein Muss für Genießer.

\>\> Für die Olmeken an Mexikos Golfküste war schon vor 3 500 Jahren klar: die Kakaopflanze ist göttlich. Und sie haben recht gehabt. Denn bis heute ist kaum eine Süßigkeit beliebter. Sie ist anregend, vielseitig und einfach unwiderstehlich, so wie hier:

Für 6 Personen:

375 g Halbbitter-Kuvertüre

2 frische Eier

2 frische Eigelb

500 ml (½ l) Schlagsahne

3 EL Cognac oder Crème de Cacao (Schokolikör)

Dauert: 25 Minuten (ohne Kühlzeit)

No.1
Die Süßen
136·137

1_ Kuvertüre klein hacken, in eine Schüssel geben. Diese in einen Topf mit erhitztem, aber nicht kochenden Wasser geben, damit die Kuvertüre schmelzen kann. Dabei ab und zu umrühren (Wasserbad). Dann abkühlen lassen.

2_ Eier und Eigelb mit dem Handrührgerät mit Rührbesen cremig aufschlagen. Sahne steif schlagen und mit der Eiermasse verrühren. Dann die geschmolzene, abgekühlte Kuvertüre unter die Eier-Sahne-Masse heben, also vorsichtig und locker unterrühren, so dass die Luftigkeit nicht wieder herausgerührt wird. Mit Cognac oder Crème de Cacao aromatisieren.

3_ Mousse in Gläser, Kaffeetassen oder eine schöne Schüssel füllen und 1–2 Stunden kalt stellen. Pur oder mit ein paar leckeren Sommerbeeren genießen. Unglaublich köstlich!

Enthält pro Portion: E: 9 g, F: 51 g, Kh: 36 g, kJ: 2755, kcal: 661

\>\> **Kleiner Tipp:** *Um der Mousse eine höllische Note zu verpassen, zur Kuvertüre im Wasserbad eine kleine geputzte, fein gewürfelte Chilischote geben. Oder 2–3 Spritzer Tabasco dazu.*

\>\> **Wichtig:** *Die Schokoladenmousse wegen der rohen Eier im Kühlschrank aufbewahren und innerhalb eines Tages verbrauchen.*

Vanilleberg mit Erdbeeren

Expedition zum Genussgipfel.

>> Sind Sie bereit für ein süßes Abenteuer? Um diese köstliche Höhe zu erklimmen brauchen Sie keine Experten, kein teures Equipment. Und es gibt keine Gefahren, außer vielleicht, dass Sie noch mehr wollen.

Für 6 Personen:

500 g frische Erdbeeren

4 EL Zucker

Saft von 1 Zitrone

½ Pck. Butterkekse

oder Spritzgebäck

2 Pck. Dr. Oetker Pudding-Pulver

Vanille-Geschmack

100 g Zucker

500 ml (½ l) Milch

500 ml (½ l) Schlagsahne

Dauert: 30 Minuten

1_ Erdbeeren waschen und sechs Prachtexemplare für die Deko beiseite legen. Von den anderen Erdbeeren das Grün entfernen, vierteln, zuckern und 10–15 Minuten in Zitronensaft ziehen lassen.

2_ Zwischenzeitlich 6 Dessertschälchen oder eine Glasschüssel mit Keksen auslegen. Vanille-Pudding nach Packungsanleitung mit Zucker und der hier angegebenen Menge Milch und Schlagsahne zubereiten.

3_ Jetzt erst die marinierten Erdbeeren, dann den noch warmen Pudding auf den Keksen verteilen. Mit den Prachtexemplaren dekorieren und kalt stellen.

Enthält pro Portion: E: 7 g, F: 32 g, KH: 58 g, KJ: 2401, kcal: 573

>> **Kleiner Tipp:** *Wer Lust hat, kann die Erdbeeren zusätzlich in 2 Esslöffeln Cointreau oder Grand Marnier (Orangenlikör) marinieren.*

>> **Noch ein Tipp:** *Wenn es schnell gehen soll, einfach 2 Becher (je 500 g) Vanillepudding aus dem Kühlregal verwenden.*

>> **Und noch einer:** *Der Vanilleberg schmeckt auch mit aufgetauten gemischten TK-Beeren.*

No.1
Die Süßen
138·**139**

Schneller Käsekuchen
Ohne Löcher, aber mit Geschmack.

Ergibt 12 Stücke:

200 g Butter

6 Eier

250 g Zucker

1 Pck. Dr. Oetker Vanillin-Zucker

1 Pck. Dr. Oetker Finesse Geriebene Zitronenschale

2–3 EL Zitronensaft

1 kg Quark

2 Pck. Dr. Oetker Pudding-Pulver Vanille-Geschmack

1 gestr. TL Dr. Oetker Backin

etwas Paniermehl

Dauert: 20 Minuten
(ohne Back- und Abkühlzeit)

1_ Butter und Eier mindestens 1 Stunde vorher aus dem Kühlschrank nehmen, dann verbinden sie sich besser und der Teig gerinnt nicht. Butter, Zucker und Vanillin-Zucker mit dem Handrührgerät mit Rührbesen aufschlagen, bis sich der Zucker aufgelöst hat und die Butter leicht weiß wird. Nach und nach die Eier dazu. Kräftig weiterrühren.

2_ Zitronenschale und -saft mit Quark zur Butter-Eier-Masse und verrühren. Pudding- und Backpulver mischen, sieben, kurz unterrühren. Springform mit einem Durchmesser von 26–28 cm fetten und mit Paniermehl ausstreuen, dann kann man den fertigen Kuchen besser aus der Form lösen. Die Masse einfüllen.

3_ Kuchen auf dem Rost für etwa 60 Minuten in den vorgeheizten Backofen (Ober-/Unterhitze 180 °C, Heißluft 160 °C, Gas Stufe 2–3). Dann Ofen ausstellen, Kuchen drin lassen, Tür leicht öffnen. So reißt die Kuchenoberfläche kaum ein. Nach dem Abkühlen des Ofens Kuchen herausholen und aus der Form lösen.

Enthält pro Portion: E: 14 g, F: 21 g, Kh: 29 g, kJ: 1565, kcal: 374

>> **Tipp:** *Wer mag, kann 50 g Rosinen unter die Quarkmasse rühren.*

>> **Nochmal einer:** *Bei alten Backformen Backpapier in den Formrand legen, dann schmeckt der Kuchen nicht nach Form.*

>> **Noch ein Tipp:** *Man kann die Käsemasse auch auf mehrere kleine Backformen oder Muffinförmchen verteilen und backen, dann aber je nach Größe der Form nur 20–30 Minuten. Mit Ricotta, etwas Honig und frischen Beeren ein tolles Dessert.*

No. 1
Die Süßen

Basics

Wer die hat, hat Geschmack.

No.1
Basics
142·**143**

>> Was auf dem Teller am größten ist, bekommt die meiste Beachtung. Dabei sind die Kleinen am Rand oft die Größten: Raffinierte Saucen, Pasten, Cremes, Dips oder Vinaigrettes.

Sie sind bescheiden, oft braucht es nur einen kleinen Klecks und neue Geschmackswelten öffnen sich. Und wer glaubt, nur Spitzenköche bekommen sie toll hin, der hat die folgenden Seiten noch nicht gelesen.

Tsatsiki

Die Griechen machen sich's leicht.

>> Mit einem schweren Essen im Bauch hätten die Griechen bestimmt weder Philosophie noch Demokratie erfunden. Dahinter muss was Leichtes stecken. Vielleicht ja dieses Tsatsiki:

150 g Salatgurke

2 Knoblauchzehen

300 g Joghurt (am besten grie-

chischer, der ist aromatischer)

Salz, Pfeffer aus der Mühle

Dauert: **15 Minuten**

1_ Gurke schälen, längs halbieren, Kerne mit einem Löffel herausschaben und Gurke fein raspeln. Knoblauch abziehen und durch eine Knoblauchpresse drücken.

2_ Joghurt glatt rühren, mit Gurke und Knoblauch vermengen.

3_ Tsatsiki kalt stellen und gut durchziehen lassen. Dann mit Salz und Pfeffer abschmecken.

Enthält insgesamt: E: 10 g, F: 9 g, Kh: 14 g, kJ: 926, kcal: 222

>> **Cremiger Tipp:** *Runden Sie das Tsatsiki mit je 1 Esslöffel Magerquark und saurer Sahne ab.*

No.1
Basics
144·145

Rouille

Kleiner Klecks, große Wirkung.

1 rote Paprikaschote

1 EL Olivenöl

2 kleine Chilischoten

Salz

1 Knoblauchzehe

1 EL Paniermehl

250 g Delikatess-Mayonnaise

Dauert: **30 Minuten**

1_ Paprikaschote halbieren, entstielen, entkernen und in Würfel schneiden. Die Paprikawürfel in einer Pfanne mit Öl 2–3 Minuten weich dünsten.

2_ Chilischoten entstielen, in Stücke schneiden und mit Paprika, Salz und abgezogenem Knoblauch mit dem Pürierstab zu einer Paste verarbeiten. Alles mit Paniermehl unter die Mayonnaise rühren.

Enthält insgesamt: E: 8 g, F: 217 g, Kh: 28 g, kJ: 8669, kcal: 2070

>> **Tipp:** *Passt zu gegriltem Fleisch oder zu Fisch.*

>> **Es geht auch anders:** *Statt roter Chilischoten scharfe rote Chilipaste nehmen. Die Rouille sollte immer frisch zubereitet werden. Bei längerer Aufbewahrung schmeckt sie wegen des Knoblauchs etwas seltsam.*

Aioli

Spricht auch morgen noch für sich.

4–6 Knoblauchzehen

250 g Delikatess-Mayonnaise

Salz

Saft von einer halben Zitrone

Dauert: 10 Minuten

1_ Knoblauch abziehen und durch eine Knoblauchpresse drücken.

2_ Knoblauch mit Mayonnaise gut verrühren, mit Salz und Zitronensaft abschmecken und etwas durchziehen lassen.

Enthält insgesamt: E: 4 g, F: 206 g, Kh: 8 g, kJ: 7872, kcal: 1880

>> **Kleiner Tipp:** Wer möchte, kann die Aioli durch Zugabe von etwas Cayennepfeffer verschärfen. Passt zu den Karoffelecken von S. 52/53.

Limetten-, Chili- und Kräuterbutter
Nie wieder langweiliges Essen.

750 g weiche Butter
Salz, Pfeffer aus der Mühle
Für die Limettenbutter:
abgeriebene Schale und Saft von einer Bio-Limette (unbehandelt, ungewachst)
Für die Chilibutter:
2 rote Chilischoten
oder 1 TL Chilischotenpaste
Für die Kräuterbutter:
1 kleine Zwiebel
3 Knoblauchzehen
5 EL fein gehackte Petersilie
2–3 EL fein gehackter Estragon
2–3 EL fein gehackter Kerbel
7–8 fein gehackte Pfefferminzblätter
5 EL Weißwein
etwas Zucker oder Honig
Frischhalte- und Alufolie

Dauert: 30 Minuten

1_ Die ganze Butter mit einem Handrührgerät mit Rührbesen schaumig schlagen, bis sie leicht weißlich ist und ihr Volumen sich fast verdoppelt hat. Butter mit Salz und Pfeffer abschmecken und in drei gleich große Portionen teilen.

2_ In ein Drittel der Butter abgeriebene Schale und Saft einer Limette geben. Alles gut verrühren.

3_ In den zweiten Teil der Butter entstielte, in kleine Stücke geschnittene Chilischoten oder Chilischotenpaste geben. Alles gut verrühren.

4_ Für den letzten Teil der Butter Zwiebel und Knoblauch abziehen und fein würfeln. Fein gehackte Kräuter, Knoblauch, Zwiebeln, Weißwein und eine kräftige Prise Zucker oder Honig zur Butter geben. Mit dem Handrührgerät auf mittlerer Stufe verrühren.

5_ Die Buttermischungen voneinander getrennt zu länglichen Klumpen formen, auf den unteren Teil eines 30 cm langen Frischhaltefolienstücks legen und wie ein Bonbon an beiden Enden zusammendrehen, damit die Butter zu einer gleichmäßigen, festen Rolle geformt wird. Dann in die Alufolie einrollen und auch wie ein Bonbon an den Enden zusammendrehen.

6_ Die Butter kühlen oder einfrieren – je nachdem, wann man sie verbrauchen möchte.

Enthält insgesamt (Limettenbutter): E: 0 g, F: 208 g, Kh: 9 g, kJ: 8085, kcal: 1932
Enthält insgesamt (Chilibutter): E: 1 g, F: 208 g, Kh: 2 g, kJ: 7902, kcal: 1889
Enthält insgesamt (Kräuterbutter): E: 3 g, F: 208 g, Kh: 12 g, kJ: 8311, kcal: 1984

>> **Übrigens:** *Die Buttermischungen eignen sich gut als kleines Mitbringsel zum BBQ. Hat man mal keine Sauce zum Fisch oder kurz gebratenem Fleisch, Kräuterbutter auf den noch heißen Fisch oder das Fleisch legen und die Buttermischung entfaltet sich zu einer herrlich aromatischen Sauce.*

>> **Tipp:** *Die Kräuter für die Kräuterbutter können Sie beliebig austauschen.*

No. 1
Basics

Joghurt-Dressing
So leicht geht's.

Für 1 Salat:

300 g Joghurt

Saft von 1 Zitrone

Zucker, Salz, Pfeffer aus der Mühle

einige Stängel Zitronenmelisse

Dauert: 5–10 Minuten

1_ Joghurt und Zitronensaft in einer Schüssel verrühren und mit Zucker, Salz und Pfeffer abschmecken.

2_ Zitronenmelisse abspülen, trockentupfen, die Blättchen von den Stängeln zupfen und fein hacken. Zitronenmelisse unterrühren.

Enthält insgesamt: E: 9 g, F: 8 g, Kh: 18 g, kj: 1030, kcal: 247

>> *Tipp: Das Joghurt-Dressing schmeckt besonders gut zu einfachem Blattsalat.*

Kräuter-Vinaigrette

Die lässt sich von jedem anmachen.

>> Meist sind Kräuter nur kleine grüne Stippen. Aber es lohnt sich, die Botanik mal genauer unter die Lupe zu nehmen. Dann stellt man fest: Ein eigener Kräutergarten muss her! Denn die machen den Geschmack.

Für 1 Salat:

½ TL mittelscharfer Senf

2 EL Zitronensaft

Salz, Pfeffer aus der Mühle

1 Prise Zucker

100 ml Olivenöl

3–4 Knoblauchzehen

1 Kästchen Kresse oder ein Bund Petersilie

Dauert: **10 Minuten**

1_ Senf mit Zitronensaft, Salz, Pfeffer und Zucker verrühren, Öl mit dem Schneebesen unterschlagen.

2_ Knoblauchzehen abziehen und fein hacken. Kräuter abspülen, trockentupfen, Blätter von den Stängeln zupfen – Kresse abschneiden – , fein hacken und mit Knoblauch unter die Sauce rühren.

Enthält insgesamt: E: 1 g, F: 100 g, Kh: 5 g, kJ: 2825, kcal: 914

>> *Eine Variante? Die klassische Vinaigrette. 1 Zwiebel sehr fein würfeln, mit 1 Esslöffel Petersilie, 1 gehäuften Teelöffel mittelscharfem Senf, 3 Esslöffeln dunklem Balsamico-Essig, Salz und Pfeffer verrühren und 100 ml Olivenöl unterschlagen. Diese Vinaigrette peppt jeden einfachen Salat wie z. B. Blattsalate aus Rucola, Feldsalat und Cocktailtomaten auf.*

No.1
Basics
148·**149**

Thousand-Island-Dressing

Und das Salatblatt wird Trauminsel.

Für 1 Salat:

250 g Salatmayonnaise

100 ml Tomatenketchup

1 TL Quark, ½ TL Sahne-Meerrettich

1 Stängel Petersilie

1 TL Cognac, 1 Spritzer Tabasco

1 Msp. Sambal Oelek

3 EL fein gewürfelte bunte Paprika

1 Spritzer Zitronensaft, Salz

Dauert: **20 Minuten**

1_ Mayonnaise mit Ketchup, Quark und Meerrettich in einer Schüssel glatt rühren. Petersilie abspülen, trockentupfen, Blättchen vom Stängel zupfen, fein hacken und unterrühren.

2_ Restliche Zutaten dazu und die Sauce mit Zitronensaft und Salz abschmecken.

Enthält insgesamt: E: 5 g, F: 132 g, Kh: 38 g, kJ: 5666, kcal: 1353

>> *Übrigens: Passt super zu Blatt- und Gemüsesalat.*

Rotweinsauce

Aus der Tiefe der Trauben.

400 g Zwiebeln

80 g Butter

1 l Rotwein

1,2 l Kalbsfond aus Glas
oder Dose

1 kleiner Thymianstängel

1–2 TL Speisestärke

1–2 EL Portwein

Salz, Pfeffer aus der Mühle

40 g kalte Butter

Dauert: **40 Minuten**

1_ Zwiebeln abziehen, grob würfeln. In einem Topf mit der Butter andünsten, bis sie goldgelb sind. Mit Rotwein ablöschen und bei mittlerer Hitze auf zwei Drittel einkochen.

2_ Kalbsfond und Thymianstängel dazu, alles nochmal auf die Hälfte einkochen. Den Thymianstängel wieder aus der Sauce nehmen, Sauce gründlich pürieren, bis sie glatt ist. Nochmal kurz aufkochen. Stärke mit etwas Portwein anrühren, in die Sauce einrühren und unter Rühren aufkochen lassen. Sauce vom Herd nehmen.

3_ Die Sauce salzen und pfeffern. Kalte, in Würfel geschnittene Butter mit einem Schneebesen unterrühren, bis sie sich aufgelöst hat. So erhält die Sauce einen seidigen Glanz und weichen Geschmack.

Enthält insgesamt: E: 16 g, F: 102 g, Kh: 57 g, kJ: 7517, kcal: 1794

>> *Kleiner Tipp: Passt sehr gut zu allen dunklen und kurz gebratenen Fleischsorten und lässt sich prima auf Vorrat einfrieren.*

No.1
Basics
150·**151**

Madeirasauce

Jeder Klecks eine Genussinsel.

30 g Zucker

6–8 EL Sherry-Essig, 100 ml Rotwein

250 ml (¼ l) Madeira (Süßwein)

1 l Kalbsfond

1 Lorbeerblatt, 1 Thymianstängel

5 Pfefferkörner

1–2 TL Speisestärke

Salz, Pfeffer aus der Mühle

40 g kalte Butter

Dauert: **30 Minuten**

1_ Zucker so lange in einem Topf erhitzen, bis er sich auflöst und eine goldgelbe Farbe bekommt, also karamellisiert. Mit Sherry-Essig ablöschen – aber Vorsicht, heiß! Rotwein und den halben Madeira dazugeben und bei mittlerer Hitze auf die Hälfte einkochen. Kalbsfond, Lorbeerblatt, Thymianstängel und Pfefferkörner einrühren und nochmal auf zwei Drittel einkochen.

2_ Alles durch ein feines Sieb schütten, die Sauce zurück in den Topf gießen. Den Rest Madeira mit etwas Speisestärke anrühren und die Sauce damit abbinden. Zum Schluss die Sauce vom Herd nehmen, mit Salz und Pfeffer abschmecken und die kalte Butter einrühren.

Enthält insgesamt: E: 9 g, F: 34 g, Kh: 69 g, kJ: 4215, kcal: 1007

>> *Kleiner Tipp: Sauce passt hervorragend zu Steak oder gebratener Kalbs- oder Geflügelleber. Und sie lässt sich gut auf Vorrat einfrieren.*

Pilzrahmsauce

Wenn Waldbewohner ihr Bestes geben.

Für 4–6 Personen:

1 Zwiebel

1 Knoblauchzehe

150 g Champignons

2 Frühlingszwiebeln

1 kleine Chilischote

50 g Butter

Salz, Pfeffer aus der Mühle

400 ml Kalbsfond

2 Becher Schlagsahne

1 Spritzer Zitrone

2 EL fein gehackte Petersilie

Dauert: 40 Minuten

1_ Zwiebel und Knoblauch abziehen, fein würfeln. Champignons putzen, mit Küchenpapier abreiben und in feine Scheiben schneiden. Frühlingszwiebeln putzen, waschen und mit der entstielten Chilischote in dünne Ringe schneiden.

2_ Butter in einer großen Pfanne zerlassen, Zwiebel- und Knoblauchwürfel andünsten, Champignons dazu, ebenfalls mit andünsten und dann Frühlingszwiebeln und Chili in die Pfanne.

3_ Mit Salz und Pfeffer würzen, mit Kalbsfond aufgießen und bei mittlerer Hitze auf die Hälfte einkochen. Sahne dazu und wieder auf die Hälfte einkochen. Sauce nochmal mit Salz, Pfeffer und Zitronensaft abschmecken und gehackte Petersilie unterheben.

Enthält pro Portion: E: 4 g, F: 33 g, Kh: 5 g, kJ: 1428, kcal: 342

>> *Ein paar Ideen noch: Diese Sauce passt auch zu hellem kurz gebratenem Schwein, Kalb und Geflügel. Besonders lecker ist sie zu Semmelknödeln. Und mit 600–700 g Nudeln hat man schnell Spaghetti funghi für 4–6 Personen fertig.*

No.1
Basics
152·153

Schnelle italienische Rahmsauce

Lecker ohne Tempolimit.

Für 2-3 Personen:

1 Becher Schlagsahne

1 walnussgroßes Stück Butter

2 Stängel Basilikum

40 g frisch geriebener Parmesan

Salz, Pfeffer aus der Mühle

geriebene Muskatnuss

Dauert: 10 Minuten

1_ Sahne mit Butter in einer Pfanne aufkochen. Basilikum abspülen, abtropfen lassen, Blätter von den Stängeln zupfen und fein hacken.

2_ Parmesan und Basilikum in die Sahne rühren und die Sauce mit Salz, Pfeffer und Muskatnuss abschmecken.

Enthält pro Portion: E: 7 g, F: 36 g, Kh: 3 g, kJ: 1525, kcal: 365

>> *Ein paar Tipps: Die Rahmsauce mit 300 g Spaghetti auftischen, reicht für 2–3 Personen. Die Nudeln wirklich erst im letzten Moment zur Sauce, sonst werden sie matschig. Und: Nudeln dürfen nie in Sauce schwimmen, sondern nur leicht von ihr umschlossen sein. Parmesan immer schön frisch reiben. Wenn er länger gerieben liegt, verliert er sein Aroma. Statt Basilikum schmeckt auch frischer Salbei.*

Noch Fragen?
Wissen, das schmeckt.

>> Msp., TL, Kh, kj oder TK? Keine Angst, jetzt kommt kein Fachchinesisch. Nur ein paar praktische Hintergrundinfos, die Licht ins Dunkel der Küche bringen. Oder wissen Sie schon alles über:

Abkürzungsverzeichnis:
EL = Esslöffel
TL = Teelöffel
Msp. = Messerspitze
Pck. = Packung/Päckchen
g = Gramm
kg = Kilogramm
ml = Milliliter
l = Liter
evtl. = eventuell
geh. = gehäuft
gestr. = gestrichen
TK = Tiefkühlprodukt
°C = Grad Celsius
E = Eiweiß
F = Fett
Kh = Kohlenhydrate
kcal = Kilokalorien
kJ = Kilojoule

80-Grad-Methode: Sanftes Garen von großen Fleischstücken – so wird das Fleisch ganz besonders zart. Vorher muss das Fleisch kurz kräftig angebraten werden, dann wird es je nach Größe für 2–8 Stunden bei 80 Grad in den Backofen geschoben. Ein weiterer Vorteil: Man kann das Fleisch auch eine halbe Stunde länger im Ofen lassen, ohne dass es trocken wird, z. B. wenn die Gäste noch nicht da sind.

Abdämpfen: Macht man meist mit Kartoffeln, damit sie nicht matschig werden – dazu stellt man den Topf nach dem Abgießen des Wassers kurz zurück auf den ausgeschalteten, heißen Herd und lässt die restliche Flüssigkeit verdampfen.

Abschmecken: Sehr wichtig – immer zwischendurch vor und nach dem Würzen die Suppe, Sauce oder das Gericht mit einem Löffel probieren, damit gezielt Salz, Pfeffer, Schärfe (Tabasco, Sambal Oelek) oder etwas Zucker zugegeben werden kann.

Anbraten: Fleisch wie z. B. Steak wird bei starker Hitze angebraten. Dazu muss das Öl in der Pfanne, dem Topf oder dem Wok stark erhitzt werden, bevor das Fleisch hineinkommt.

Andünsten: Zwiebeln oder Knoblauch, aber auch Gemüse werden angedünstet (oder angeschwitzt), also bei mittlerer Hitze mit wenig Fett oder Wasser erhitzt, aber nicht gebräunt, dabei gelegentlich umrühren.

Binden von Saucen: Etwas Speisestärke wird mit Wasser oder anderer kalter Flüssigkeit verrührt und dann nach und nach unter Rühren in die zu bindende Sauce gegossen. Sauce dann gut aufkochen lassen.

Chilischoten: Chilis werden nur entstielt, die Kerne bleiben beim Verarbeiten drin, so wird das Gericht schön scharf. Wenn man es also weniger scharf mag – Kerne entfernen. Wichtig: nach dem Verarbeiten der Chilis unbedingt die Hände waschen. Wenn's schnell gehen soll, stattdessen ½ Teelöffel Sambal Oelek nehmen.

Einkochen von Saucen: Durch das Einkochen oder Reduzieren von Saucen erhalten diese einen besonders intensiven Geschmack. Dazu die Sauce ohne Deckel bei mittlerer bis starker Hitze köcheln lassen und gelegentlich durchrühren, bis die Menge sich verringert hat und die Konsistenz etwas dickflüssiger wird.

Kräuter: Frische Kräuter erhalten Sie heute in fast jedem Supermarkt. Besonders im Sommer ist das Angebot sehr groß. Sie können aber auch durch TK-Kräuter oder auch durch getrocknete (gerebelte) Kräuter aus der Dose ersetzt werden, dann aber sparsam damit umgehen und nach dem Würzen das Gericht gut abschmecken.

Messerspitze: Eine Messerspitze gibt die Menge an Gewürz an, die auf die äußere Spitze eines normalen Messers passt (etwas mehr als eine Prise).

Öl zum Kochen und Braten: Zum Braten benötigt man Öl, das stark erhitzt werden kann. Dazu eignet sich allgemein Olivenöl, aber auch andere Pflanzenöle wie z. B. Sonnenblumen- oder Maiskeimöl, diese sollten aber nicht kaltgepresst sein. Auch Butterschmalz eignet sich zum Braten und gibt zusätzlich noch einen feinen Geschmack. Butter ist nur zum Andünsten geeignet, da sie sich nicht hoch erhitzen lässt. Für Salate eignen sich alle kaltgepressten Öle.

Portionenzahl der Rezepte: Die Rezepte sind, wenn nicht anders über dem Rezept angegeben, für 4 Personen.

Prise: Eine Prise gibt die Menge an Salz oder Gewürz an, die man mit den Fingerspitzen von Daumen und Zeigefinger greifen kann (etwas weniger als eine Messerspitze).

Sambal Oelek: Sehr scharfe asiatische Chilischotenpaste, von der man nur mit einer Messerspitze voll nachwürzen sollte.

Sojasauce: Damit kann man asiatische Gerichte sehr aromatisch salzen. Empfehlenswert ist die so genannte helle Sojasauce. Sie ist zwar dunkel, aber sie färbt das Gericht nicht so dunkel ein wie die klassische Sojasauce.

Unterheben: Damit luftig aufgeschlagene Eimassen oder Sahne nicht wieder zusammenfallen, werden sie vorsichtig und langsam untergerührt.

Register von A–Z

No.1
Register von A–Z
156·157

145_ **A wie** Aioli
018_ Apfelpfannkuchen
132_ Apfel-Quiche mit Mandeln
024_ Asiatische Marinade, klassische

026_ **B wie** Barbecue-Sauce
016_ Bauarbeiterbrötchen
008_ Blätterteigtaschen mit Spinat-Schafskäse-Füllung
008_ Blätterteigtaschen mit Hackfleischfüllung
056_ Bratkartoffeln auf dem Blech

070_ **C wie** Caesar-Dressing
070_ Caesar's Salat
062_ Cannelloni mit Lachs oder Spinat und Ricotta
112_ Chicken Wings, mediterran
146_ Chilibutter
186_ Chili con Carne
086_ Chili sin Carne
036_ Chinesische Nudeln mit Gemüse
034_ Currysauce
034_ Currywurst de Luxe mit Garnele

126_ **F wie** Filetsteaks
102_ Fisch Caprese
104_ Fisch in der Hülle
014_ Frikadellen
072_ Frühlingsgratin

108_ **G wie** Garnelen mit Kokosmilch und Chili
032_ Gebratenes Gemüse mit Reis
096_ Gelbe Linsensuppe mit Joghurt
090_ Gelbes Rindfleischcurry
016_ Gemüse-Baguette
032_ Gemüse mit Reis, gebratenes
018_ Gemüsepfannkuchen
038_ Geschnetzeltes Rindfleisch auf chinesische Art
114_ Gulasch
114_ Gulasch mit Champignons
114_ Gulaschsuppe

118_ **H wie** Hähnchenkeulen mit Rosmarinkartoffeln, marinierte
112_ Hähnchenkeulen, pikante
025_ Halloumi-Marinade
092_ Hühnerbrühe

124_ **J wie** Jägerschnitzel
148_ Joghurt-Dressing

140_ **K wie** Käsekuchen, schneller
052_ Kartoffelecken mit Kräutern und Cocktailtomaten
014_ Kartoffelfrikadellen
050_ Kartoffelgratin
094_ Kartoffel-Kokos-Suppe mit Zitronengrasspießen
074_ Kartoffelsalat, Mamas
074_ Kartoffelsalat mit Pesto
048_ Kartoffelpüree
066_ Kartoffel-Tortilla
058_ Käsespätzle
024_ Klassische asiatische Marinade
146_ Kräuterbutter
088_ Kräutersuppe
149_ Kräuter-Vinaigrette

116_ **L wie** Lammkeule nach der 80-Grad-Methode
012_ Lauchkuchen
146_ Limettenbutter
096_ Linsensuppe mit Joghurt, gelbe

150_ **M wie** Madeirasauce
074_ Mamas Kartoffelsalat
118_ Marinierte Hähnchenkeulen mit Rosmarinkartoffeln
040_ Meeresfrüchte mit Gemüse aus dem Wok
130_ Milchreis
098_ Mitternachts-Tomatensuppe
088_ Möhren-Ingwer-Suppe mit Riesengarnelen

036_ **N wie** Nudeln mit Gemüse, chinesische

052_ **O wie** Ofenkartoffeln
134_ Orangen-Panna Cotta mit Rum

124_ **P wie** Panierte Schweineschnitzel
134– Panna Cotta mit Beerensauce
134– Panna Cotta mit Joghurt
098_ Paprikasuppe mit Sesam-Ziegenkäse
044– Pasta all'arrabiata
044_ Pasta funghi
054_ Pesto-Spaghetti mit Schafskäse
106_ Petersfischfilet mit Spinat und Orange

\>\>

Register von A–Z

No.1
Register von A–Z
158·159

>> 112_ Pikante Hähnchenkeulen
 152_ Pilzrahmsauce
 010_ Pizza Amore Mio
 010_ Pizza Contadina
 011_ Pizzateig-Grundrezept

 152_ **R wie** Rahmsauce, schnelle italienische
 076_ Ratatouille
 060_ Reibekuchen
 038_ Rindfleisch auf chinesiche Art, geschnetzeltes
 090_ Rindfleischcurry, gelbes
 090_ Rotes Thai-Curry mit Hähnchen
 150_ Rotweinsauce
 144_ Rouille
 078_ Rucola-Salat
 126_ Rumpsteaks mit Zwiebeln

 080_ **S wie** Salat mit gebackenen Austernpilzen
 120_ Saltimbocca alla romana
 122_ Satéspieße mit Erdnusssauce
 026_ Scharfes Tomaten-Paprika-Relish
 152_ Schnelle italienische Rahmsauce
 140_ Schneller Käsekuchen
 136_ Schokoladenmousse
 038_ Schweinefleisch süß-sauer
 124_ Schweineschnitzel, panierte
 025_ Senf-Marinade
 082_ Sommersalat mit Hähnchenbruststreifen
 064_ Spaghetti mit Gemüse-Bolognese
 064_ Spaghetti Bolognese, klassisch
 028_ Spareribs
 056_ Spiegeleier
 094_ Süßkartoffelsuppe mit Mascarpone und Haselnüssen

 090_ **T wie** Thai-Curry mit Hähnchen, rotes
 149_ Thousand-Island-Dressing
 046_ Tomaten-Ciabatta-Lasagne
 026_ Tomaten-Paprika-Relish, scharfes
 144_ Tsatsiki

 138_ **V wie** Vanilleberg mit Erdbeeren

 020_ **W wie** Wraps mit Lachs
 020_ Wraps mit Balkansalat
 020_ Wraps mit Geflügelsalat

Schlussworte

Kochen kann jeder! Und es soll Spaß machen. Das waren die Grundgedanken für dieses neue und etwas andere Kochbuch.

Unser No. 1-Team: Zwei Redakteurinnen, eine Grafik-Designerin, ein Koch, ein Stylist, eine Fotografin und ein Texter handelten konsequent nach diesem Motto. Die nagelneue Dr. Oetker Versuchsküche lieferte dazu das stimmige Ambiente. Unkonventionell, unkompliziert und unglaublich lecker konnten die Rezepte umgesetzt werden.

Die Redakteurinnen Carola Reich und Sabine Puppe, beide seit vielen Jahren im Verlag, haben die Entstehung des Buches begleitet:

Grafik-Designerin **Nicole Gaede** von der Agentur kontur:design entwickelte ein völlig neues grafisches Konzept. **Carola Reich** traf die Rezeptauswahl gemeinsam mit dem jungen Koch **Olaf Brummel**, für den ein Projekt dieser Größe eine neue Herausforderung bedeutete. Mit viel Spaß machte er sich gleich an die Entwicklung einfacher, aber raffininerter Rezepte. Fotografiert wurden die Rezepte in der neuen Versuchsküche der Dr. Oetker Welt – die Fotografin **Antje Plewinski** aus Berlin war genau die Richige für die bildliche Umsetzung des jungen Konzepts von **Dr. Oetker No. 1** und der Stylist **Wolfgang Mentzel** hatte das richtige Händchen für eine effektvolle, aber schlichte Requisite. **Ines Rascher** und **Alexandra Scheer**, ebenfalls Mitarbeiterinnen des Verlags, assistierten gern beim Kochen.
Sabine Puppe bearbeitete die Rezepte und sorgte dafür, dass sie gelingsicher sind – wie Sie es von Dr. Oetker gewohnt sind. Das Tüpfelchen auf dem i bekamen die Rezepte vom Texter **Jörg Rentrop**, der mit seinen Unterzeilen und Textformulierungen dem Ganzen die richtige Prise Leichtigkeit gab.

Und aus dieser Erfahrung kann das Team bestätigen: Kochen mit **Dr. Oetker No. 1** – Jeder kann es, jedem gelingt es. Jedem macht es Spaß.

Impressum

Umwelthinweis: Dieses Buch und der Einband wurden auf chlorfrei gebleichtem Papier gedruckt. Die Einschrumpffolie – zum Schutz vor Verschmutzung – ist aus umweltfreundlichem und recyclingfähigem PE-Material.

Wenn Sie Anregungen, Vorschläge oder Fragen zu unseren Büchern haben, rufen Sie uns unter folgender Nummer an 0521 155-2580 oder 520651 oder schreiben Sie uns: Dr. Oetker Verlag KG, Am Bach 11, 33602 Bielefeld oder besuchen Sie uns im Internet unter www.oetker.de.

Copyright © 2005 by Dr. Oetker Verlag KG, Bielefeld

Redaktion: Sabine Puppe, Carola Reich

Titelfoto: StockFood GmbH, München

Innenfotos: Antje Plewinski, Berlin

Texte: Jörg Rentrop, Frankfurt am Main

Rezeptentwicklung und Foodstyling: Olaf Brummel, Bielefeld

Styling: Wolfgang Mentzel, Paderborn

Nährwertberechnungen: NutriService, Hennef

Grafisches Konzept: kontur:design, Nicole Gaede, Bielefeld

Gestaltung und Titelgestaltung: kontur:design, Nicole Gaede, Bielefeld

Reproduktionen: MOHN Media • Mohndruck GmbH, Gütersloh

Druck und Bindung: MOHN Media • Mohndruck GmbH, Gütersloh

Die Autoren haben dieses Buch nach bestem Wissen und Gewissen erarbeitet. Alle Rezepte, Tipps und Ratschläge sind mit Sorgfalt ausgewählt und geprüft. Eine Haftung des Verlages und seiner Beauftragten für alle erdenklichen Schäden an Personen, Sach- und Vermögensgegenständen ist ausgeschlossen.

Nachdruck und Vervielfältigung (z. B. durch Datenträger aller Art) sowie Verbreitung jeglicher Art, auch auszugsweise, nur mit ausdrücklicher Genehmigung und Quellenangabe gestattet.

ISBN 3–7670–0708–8